[美]
玛丽·凯·里琪
Mary Cay Ricci
著

Building a Culture of Success and
Student Achievement in Schools
(Third Edition)

Mindsets in the Classroom

可见的学习与思维教学

让教学对学生可见，让学习对教师可见

全新修订版

中国青年出版社

图书在版编目（CIP）数据

可见的学习与思维教学：让教学对学生可见，让学习对教师可见：全新修订版 / (美) 玛丽·凯·里琪著；林文静译. -- 2版. -- 北京：中国青年出版社, 2025. 5. -- ISBN 978-7-5153-7604-2

Ⅰ. G632.421

中国国家版本馆CIP数据核字第2025AX6139号

可见的学习与思维教学（全新修订版）：让教学对学生可见，让学习对教师可见

作　　者：[美] 玛丽·凯·里琪
译　　者：林文静
责任编辑：周　红
美术编辑：张燕楠　杜雨萃
出　　版：中国青年出版社
发　　行：北京中青文文化传媒有限公司
电　　话：010-65511272 / 65516873
公司网址：www.cyb.com.cn
购书网址：zqwts.tmall.com
印　　刷：大厂回族自治县益利印刷有限公司
版　　次：2017年1月第1版
　　　　　2025年5月第2版
印　　次：2025年5月第1次印刷
开　　本：787mm × 1092mm　1/16
字　　数：148千字
印　　张：14.5
京权图字：01-2022-1589
书　　号：ISBN 9787-7-5153-7604-2
定　　价：59.90元

谨以此书献给我的孩子们——克里斯托弗、帕崔克和伊莎贝尔。你们一直鼓舞着我。希望你们笃信通过努力和毅力可以做到任何事情。

献给我仙逝的父母——乔和玛丽·艾伦·马奇奥内。谢谢你们一直相信我。

献给埃尼奥——谢谢你的支持与耐心。

也献给我职业生涯的朋友——金妮、卡尔和莫尼克，谢谢你们从我身上看到一些我自己未曾看到的东西。

CONTENTS

目录

第一章

思维模式是什么？思维模式如何影响课堂

“看看她的卷子——她是个聪明的学生！”

开学第一个月，在一个三年级的班上，我正探访学生，了解他们先前有没有学习过大脑的相关知识。这所学校的学生贫困率（含补助率、免费或减免就餐）达70%，大部分学生的母语并不是英语。我围着课桌转悠，观察到一名学生将我刚刚听到的那句话抄写下来：“看看她的卷子——她是个聪明的学生！”这个骄傲的宣告来自他的一个同学。我确定地跟这位学生说他和其他同学都很认真地完成了此项作业，他表示赞同，但又再次跟我说他的这位同学卷子完成得最好。

我在这个课堂发现的，是固定型思维运作的一个深刻例子——一个八岁的小孩相信他的同学是“聪明的”，而且不管他付出多少努力，他同学的卷子总是更好。在这种情况下，这个小孩没有看到自己也可以是“聪明的”，也能完成班上“最好的答卷”。这也是本书写作的目的——帮助更多教师、行政人员、教导、父母以及学生（类似这个事件中的学生）意识到，他们可以改变自己对课业成功与智力的思维定式。

《可见的学习与思维教学》最初于2013年出版，2018年出版了修订版，在这期间我们了解更多思维方式对教学的影响。这次出版的第三版包含第一版和第二版内容，删除一些不再相关的内容，增添一些从该书的第一版出版以来新学到的内容，比如学习更多最新的大脑研究，了解世界各地的教育者如何践行成长型思维这一概念，以及作者自己在学校工作时的观察和反思，包括在教导教育者或与老师、行政人员、家长、学生谈论自己的思维方式转变时的体验和总结等。随着我们在教育场景中实践，我们将继续了解思维方式的影响。如果你已经熟悉固定型思维和成长型思维的概念，你可以跳过或只是浏览这一章的第一部分，因为这部分主要解释成长型思维和固定型思维这两个概念。

智力可以改变吗

什么是成长型思维？什么是固定型思维？认为智力、才能以及技能可以塑造而且能够发展，这并不是一个新概念。然而，关于大人和小孩的智力可以改变并成长的想法在近几年愈加流行，这要归功于斯坦福大学心理学教授卡罗尔·德韦克博士以及她于2006年出版的专著：《终身成长型思维：重新定义成功的思维模式》。德韦克对固定型思维和成长型思维理论的研究及发展促使人们对生活许多方面的思考有了重大转变。我采用德韦克的研究并更加具体地应用于教学。

卡罗尔·德韦克所描述的信念体系宣称智力是一种可塑造的品质，而且智力会发展；她造了一个短语“成长型思维”来描述这个信念体系。应用成长型思维的学习者相信他们能够学会任何东西。通过毅力、恢复力以及各种策略，他们会学习并有所提升。可能得奋力争取，也可能会遭遇一些失败，但他们相信通过努力及毅力能够获得成功。

拥有成长型思维的个体将重心放在学习上，而不是看起来聪明或最终考个好成绩。拥有成长型思维的教育者相信，只要付出努力、勤奋学习，并且能够应用各种策略，所有学生都能证明自己的显著成长，因此所有学生都应该得到挑战的机会。对这个信念的一点补充是，高效能的教师利用指导工具区分学习者的需求并做出回应，培养学习者的批判性思维，如此你将获得让学生学习达到最佳效果的秘诀。

成长型思维模式

即一个信念体系，认为通过坚持、努力及专心致志地学习，一个人的智力将得以成长或发展。

德韦克也介绍了关于智力的另一个信念体系，即智力、技能和才华是天生的，智力的水平不能改变——这就是固定型思维。拥有固定型思维的人可能真的相信他的智力、技能及才华先天注定。这个信念不管怎么看都存在问题。对于那些奋力争取或认为自己不够“聪明”的学生，这变成了自我应验的预言。因为他们不相信自己能够成功，所以经常放弃或者不付出努力。对于那些学习水平高的学生，他们可能被“看起来聪明”吞噬。他们可能在学校学习的时候没有真正付出努力，但经常因为好成绩及过硬的技能而受到表扬。常见的情况是拥有固定型思维的高水平学习者开始避开他们可能失败的情形；他们有可能变成“风险抗拒型”。

固定型思维模式

即一个信念体系，认为一个人有着先天注定的智力、技能或才华。

稍稍想一下你自己的思维方式。思维方式是指一套个人信念或一种思考的方式，影响着你的行为及对自己和他人的态度。教育者的思维方式直接影响学生对自己的感受，也影响着学生如何看待自己的学习。学生的思维方式直接影响他或她如何面对学业的挑战。一个拥有成长型思维的学生即使遇到阻碍也会坚持。一个拥有固定型思维的学生可能轻易放弃或不能专注于学习过程。

固定型思维和成长型思维也会直接影响亲子关系。家长很大程度上影响孩子看待自己的方式，这并不令人感到意外。家长经常通过特定的镜头看待自己的孩子："约瑟夫天生就懂数学"，"多梅尼克总能够提出好问题"，"凯瑟琳懂得如何解读一部文学作品"。这些都是固定型思维的例子，尽管都是一些积极的评述。这些评述描述了这些孩子"是"谁，而不是讲述他们付出的努力。教育者可以想想你在某些场合听到家长对自己孩子的描述，往往会发现家长将孩子的弱点合理化："她跟我一样；我的数学也不好"或者"我能理解他为何阅读不在行；我从来都不喜欢阅读"。（第八章将会探讨帮助家长接受成长型思维的观点和资源。）

转变思维方式

"智力是固定不变的。"要消除这一想法可能是个挑战，但有了恰当的思维基础，经过教育引导以及多一些观察、思考，思维方式可以一点点转变。期待思维方式立即转变并不现实；毕竟，一些教育者已带着固定型思维模式走过了大半生。即使一些人自称思维方式已经转变，他/她也得自觉地努力维持这个信念。

我从2008年开始研究这本书，做了很多演讲和展示，仍然时常觉得自己与内化的固定型思维抗争。事情的真相是我们的生活中都有某个领域（或者两个、三个）倾向于固定型思维——有些时候我们对自己说，"我不能……（填空）"或者"我在……很糟糕"。比如烹饪，你听过有人说他们的厨艺可怕吗？我想说的是如果大家花了时间、付出努力以及实践，那么任何人都能学会做最基本的饭菜——问题是，他们想花时间、付出努力以及实践来学习如何烹饪吗？他们有这样的动力吗？即使在你持有成长型思维的领域，固定型思维还会不断反弹。例如，一个带有双重特殊性的孩子（一个有天赋而在学习上又有挑战的孩子）打电话和他母亲分享自己的大学课程表，他母亲碰巧是一位教育者。这位母亲若干年前思维方式有了“转变”，而且自豪地告诉我她在家里营造成长型思维文化付出的努力。她儿子的课程表上有早上8点的课程，而且课程包括宏观经济学、国际经济学、会计学、媒体分析学、管理学。母亲注意到，掩藏在自己思维深处的固定型思维令她想尖叫：“你疯了吗？你这是安排自己走上失败之路！”但她没这么做，而是对儿子说：“听起来是一个很有挑战的课程表，但我知道如果坚持努力，你能够把握好的。”相信所有的孩子付出努力、坚持不懈、应用一套好的策略都能成功，这是成长型思维的核心思想。

基于大脑的研究

对于智力的想法有如此的转变，其中一个原因是现有科技对大脑的构成及功能的探知。神经科学对教学有显著的影响。大脑研究摒除智力从出生后就“固定”了这样的观念。正式与非正式研究证明大脑受到恰当的刺激是可以发展的。神经科学的一个重点是强调神经可塑性。神经可塑性是指大脑在人的一生中的变化、适应及“改变”的能力。曾经亲眼看到从大脑受伤或中风中恢复过来的人见证了神经可塑性。在中风的病例中，大多数病人的大脑几乎都即刻发生改变，这样的病人再次学会说话及活动。然而，为中风病人做专业的、身体以及语言的治疗通常需要付出很多努力，如此他们才能有显著好转。神经可塑性通过两种方式达成：创造新的联结，消除不经常使用的联结。神经元被消除，这叫突触修剪。突触修剪是指消除不再使用的神经元来提升大脑的效率。这个过程基本上在童年早期和青春期发生。然而，比较新的研究表明突触修剪可以持续到一个人的二十多岁。

神经可塑性

即在我们的整个生命过程中大脑变化、适应及自我“改变”的能力。

我们现在对大脑神经的方方面面了解甚多，它为我们学习和教学的方式提供了信息。这样的理解直接影响老师对学生潜能和成就的信念与期待。正是当教育者和孩子们（包括家长）了解大脑以及它所有的潜能，并且见证这个理解对大脑的影响时，思维方式才开始转变（第六章会教孩子了解大脑）。

智力以及对智力的测量

你的智商可能提高吗？密歇根大学与博恩大学合作进行了一项研究来验证智商提高的可能性。这项研究要求参加者持续玩一个电脑记忆的游戏，其中涉及记忆视觉图案。每次出现一个不同的图案，参加者从他们的耳机中听到字母表中的一个字母。当屏幕上出现的视觉图案，或他们在耳机里听到的字母有重复的时候，他们得做出回应。重复的图案或字母间隔的时间越长，游戏难度变得越大。研究人员发现，随着参加者训练并且游戏越做越好，智商类型的测试分数也就提高了。

这项研究以及类似的研究有助于理解智力的可塑性，这是成长型思维的一个关键因素，也是许多教育者努力理解的一个概念。总体而言，教育者在认知科学方面没有太多学术背景。最近我问了一些教育者："认知能力测试和智商测试分别测量什么？"大家回答这个问题时无一例外都有所犹疑；给大家充分的时间思考之后，他们给出的一些答案颇为相似：测量的是"学生的能力"，"他们有多聪明"以及"他们固有的能力"。比起这些不精准的回答，更令人惊讶的是，我观察到许多教师和行政人员无法回答这个问题。很多时候教育者处于这样的情形：他们得到一个学生的数据，然而这个数据经常包括筛选天赋型学生、特殊教育的学生以及/或者智商测试中得到的认知成绩。谁会想到这么多的教育者对这些评估实际上测量的是什么竟然一无所知？

认知能力测试测量的是已经发展的能力。因此，如果一个学生从未有机会发展这些测试测量的推理过程，那么这些测试得出的结果就没有意义了。再者，家长和教育者可能会根据这些"智力"成绩对孩子做出预判，产生限制孩子潜能的想法。

潜能和努力的作用

潜能——多么好的一个词。所有的一切皆有可能。然而，“潜能”一词的惯常用法令我感到不舒服。想想这句话 ：“他没有努力发挥全部的潜能”或“我们将帮助你的孩子充分发挥潜能”。潜能是如何变成“充分”的？它可以在一张汇报卡上体现吗？潜能从未“充分”；它从未完结，我们的可能性是无限的。当一个人成长时，学习与经历变得更加复杂且有挑战性，成长持续进行，潜能从未触底，因为它不可能触底。可能许多人认为迈克尔·菲尔普斯在2008年获得第十枚奥运金牌时实现了他“充分”的潜能，然而他在2012年的奥运会上继续打破原先的成绩，又获得六枚金牌，在2016年又赢得另外六枚金牌。智力、才能、技能以及，没错，甚至运动能力都能够发展，相信这一点激发了这些无止境的可能性。

我们的潜能与生俱来。然而，我们可能在一个或多个具体的领域拥有内在的强项或能力。这些强项能够在许多方面展现。强项可以在体力、创造力、学术、感知这些方面展现——可能性是无止境的。每个孩子都有强项，而且有些孩子与他们的同伴相比生来就具有更多的强项。对于那些强项突出的孩子或那些被认为有“天赋”的孩子，他们的强项应该得到进一步的发展。

许多教育者没意识到大约75%的成就归因于社会心理技能（一些研究人员称之为非认知因素），而且只有大约25%的先天

> 所有孩子都有潜能齐头并进，甚至还能超越那些有内在能力的孩子，考虑到这一点也很重要。

智力或智商有助于成就。我们迫切需要培养学生的这些技能，这对于那些能力或才能还没发展起来的学生而言尤为重要。老师需要有意塑造、教导以及培养这些技能，包括但不限于毅力、自我恢复能力、乐观主义，不畏惧智力上的挑战带来的紧张，能与人舒适地沟通，应对失败的技能，处理批评及建设性反馈的能力。

假如班上有一位内在能力很强的学生——他学得快、在课堂上能够准确回应。如果这位学生缺少毅力和自我恢复能力会怎么样？一旦事情变得有挑战或者他没能轻易成功，他就不积极参与了。如果他没发展毅力和自我恢复力，不管他的天赋多强，都没意义。反之亦然，假如某位学生的内在能力（根据某个测试）“一般”（我真的不喜欢用这个词，但暂且用作描述），但他具备毅力和自我恢复的优点。这位学生可以跟那些内在能力更强的学生齐头并进，因为这样的学生有动力学习而且为了能够坚持及迎接挑战发展了重要的非认知技能。

想一想，有那么一次你花了更长的时间学习一项新技能。可能是学习某项要求身体协调的技能，或弹奏乐器，或使用新科技，或学习新的指导策略。那么，一旦你学会了这项新技能，它就变成了你的强项。可能不少人多年前就学会了这项技能，但你事实上还是超越了他们。作为一个成年人，你有动力及毅力下决心：达到这个目标对你而言是重要的。没人剥夺你学习的机会，没人跟你说对你而言“太难”，没人跟你说你“不适合这个群体”，没人设置障碍来妨碍你学习。

不过，我们的教育体系时常体现以上提及的所有反面做法。我们的学校经常不给学生机会，向学生传达的期待值低下，过早让学生离开挑战性的环境。如此束缚学生的潜能是有很多原因的，一个主要的障碍是我们以完成事情的速度来评判成人和学生。

我们的社会变得重视节奏。节奏越快越好。如果我们没能在两分钟内拿到中杯、无咖啡因、脱脂的、热乎乎的焦糖拿铁，我们就会气恼。如果我们的网速不够快，我们就会发牢骚或频繁愤怒地点击鼠标。我们前面的司机如果没有按我们期望的速度行驶，我们就会按喇叭或大声埋怨。如果一位教育者在教室或学校描述一个聪明的孩子，我们可能听到他说这个孩子“快”，而说那些在阅读小组垫底的孩子“慢”。

我们得往后退一步，呼吸一下，然后意识到不是让学生快速掌握学习内容，重要的是他们付出的坚持与努力以及他们应用的策略。

成长的学校社区拥抱成长型思维

本书的主要目标是，开发方法建设班级或学校的成长型思维。整所学校的职员——行政人员、教师和后勤人员以及家长都必须真正相信所有学生都能成功。与此同时，学生也得接受这个信念体系。回忆一下，本章开头的插曲——那个小男孩相信他的同学是最聪明的，但他有没有相信自己也能够成功？

一切都与信念和期待有关。有个方式非常有助于孩子和大人都欢迎这个信念体系，即学习大脑及其所有的可能性——这样能够对大脑有更多的了解。神经科学在过去几年发展迅猛，我们和学生对于大脑的学习对学生的努力和动机有着巨大的影响。

为何思维方式在学校很重要

卡罗尔·德韦克对纽约市一所中学的学生学习数学的情况进行了一项研究。当学生相信自己的智力是可塑造的并且了解自己的大脑之后，表现出积极的进步。各项研究表明，许多学生入读中学时带着这样的想法，即我们与生俱来拥有一个特定的、一成不变的智力水平或一种固定思维。在我的研究过程中也发现了类似的想法：华盛顿一所郊区学校正在改变学生的思维方式，但学生的反馈和采访表明，超过60%的学生升六年级时相信他们生来就带有具体的学业优势和弱点，而且他们无法改变这些固有的优缺点。看到这个数据，我问自己，学生们是什么时候持有这种想法的？

这促使我进行自己的研究。我开始在幼儿园的班级里收集数据。秋季学期，我调查了幼儿园学生对智力的想法。以下陈述是从《奏效的思维方式》改编的，用于幼儿园到三年级的学生。

- 每个人可以学习新事物（成长型思维信念）
- 一些孩子生来比另外一些孩子更聪明（固定型思维信念）
- 我们有多聪明这一点是可以改变的（成长型思维信念）

在我调查的所有班级（包括来自极度贫困的家庭、家庭背景多样化的学生构成的班级，以及中产阶级家庭的学生），100%的孩子证明了成长型思维。他们来上幼儿园，认为自己能够学习并且取得成功。他们兴高采烈、充满希望，准备好汲取社会和学业上的知识！

手头上有这么乐观的数据，我转换到一年级的课堂，再次调查学生对智力的想法。在这个案例中，只有10%的学生展示了固定型思维。这些一年级学生大部分和幼儿园学生一样积极，只有少数几个例外，即认为有些同学生来就比其他人聪明，而且认为我们真的没法让自己变得更聪明。接着是二年级。在二年级的课堂里，我发现18%的学生展示了固定型思维。你发现一个规律了吗？每升一个年级，就会有更多的学生相信智力是个固定的特性：他们赞同这样的观点，即“有些人聪明，有些人不聪明”。但或许最令人惊讶的是二年级和三年级之间的巨大差异。我调查了三年级学生，有42%的学生持有固定型思维！表1.1展示了这些调研情况。

这些数据响亮而又清晰地传达了一个信息：我们得尽早与教

育者、孩子们以及家长合作，让他们能够维持这样的信念体系，即所有学生都能成功。我们的孩子在幼儿园开学的第一天走进教室准备学习，以一个四五岁孩子能够激发的所有乐观相信自己。我们必须在他们升学的不同过程中启发并维持这样的思维方式。那么，我们如何做到这一点呢？

表1.1　不同年级学生固定型思维和成长型思维比例的变化

年级	固定型思维	成长型思维
幼儿园	没有	100%
一年级	10%	90%
二年级	18%	82%
三年级	42%	58%

> 重新思考在教育语境中成长型思维评估概况的使用发现：“尽管大家公认成长型思维概况作为成长型思维评估及诊断工具，我们的结果表明这个工具没能很好地测量思维方式。我们建议研究人员在教育语境中，不要使用成长型思维方式评估概况作为测量思维或诊断的工具。”

自从这本书的第一版发行以来，许多教育者联系我，问我是否能够指出成长型思维学习环境最重要的成分。换言之，为了发展成长型思维学区、学校或课堂，应该采取什么举动？聆听、观察、研究以及反思之后，我指出对成长型思维学习文化很重要的四个成分。这些是每个学习环境都应该努力实现的领域。

不可能一夜之间就实现这些目标，有时甚至一学年还未能实现。这些行动应该是长久的承诺，而且教育者自己必须持有成长型思维，如此才能坚持实现这些目标。这四个成分是：

1. 每个人都有机会接触高阶学习。
2. 有意培养诸如毅力和自我恢复力的社会心理技能。
3. 学生对大脑神经枢纽的理解。
4. 成长型思维式的反馈和表扬。

每个人都有机会接触高阶学习

你的班级、学校或学区的所有学生是不是都能接触丰富的、加速的学习？是否要求一个标签（比如“天赋”）、成绩或某个具体的测试分数才能接触这些机会？持续进展的非正式评估和观察应该允许所有学生接触和参加高阶学习，而不仅仅关注那些能力已经发展的学生。可以在班上在老师的帮助下形成学习小组或在中学这个阶段设立一个高阶班。老师们必须实践成长型思维来实现上述这些想法。没有看门人，没有障碍，没有“对不起，你还没有准备好”。一旦学生有这样的学习机会，有没有相应的支持帮助学生成功？

1. 每个人都有机会接触高阶学习。
2. 有意培养诸如毅力和自我恢复力的社会心理技能。
3. 学生对大脑神经枢纽的理解。
4. 成长型思维式的反馈和表扬。

图1.1　成长型思维学习环境重要的成分

有一次我拜访了一组高中老师，他们很自豪地宣称对所有学生开放大学先修课程（AP）。任何想报名的学生都会录取。我片刻的欣喜没有持续太久——他们接着分享多数没有老师推荐、自己报名的学生在高级课上“学得不好”。讨论之后，确定两件事。一是，大学先修课程不能回应所有学生的需求或区别回应学生的需求。老师们只是面对整个班级授课，好像班级20多个孩子都在同一水平上。二是，他们的心态是“下沉或游泳”。这样的态度就是如果学生到这样的课堂上课，他们就应该能够把握学习内容，不然他们就“不配”待在这样的课堂上。对于学得费力的学生，也没有相应的支持和帮助。事实上，在许多案例中，一看到学生学得费劲就指导他们转到标准水平的班级。在科学研究中，费力（尤其是有产出的费力）不一定是坏事。事实上，对于学得费力的学生而言是一个很好的体验，因为没有体验某种程度的费力就不能发展自我恢复力。既然大家平等享有学习机会，就应该提供相应的支持来帮助学生成功。我担任学区高阶学业主管那段时间，十分担心那些没机会接触有挑战的学习体验的学生。

有意培养社会心理技能

培养还没发展能力的学生或有天赋、表现很好的学生的非认知或社会心理技能都是迫切之事。如果让我选需要塑造、教导以及培养的最重要的技能，我会选毅力和自我恢复力。

这些社会心理技能的发展应该成为课堂氛围的一部分，在每个教学内容里头讨论，以及每天通过整个班级或学校社区塑造。学生可以自我评估，并制订提升并追踪这些技能成长的计划；然后他们可以有意识地努力提升他们的能力，从一个不太成功的表现或没能掌握一项新概念中反转。他们可以开始勤奋起来。手把手培养毅力和自我恢复力是在教学生如何从失误和失败中学习。可以把错误当成“数据”——这样的数据可以帮助学生设定目标迈向成功。

有意培养社会心理技能，这里推荐的第一步是反思你的课堂或学校现在已经具备什么条件。首先关注重叠的领域，比如毅力和自我恢复力，然后召集一些感兴趣的职员。大家一起做头脑风暴，思考学校或学区可以有意培养这些非认知因素的经验。在集中注意力的领域，构建探索以及制订计划来督导（不打分）学生的进度。看看表1.2，这个样本是了解你的课堂或学校已经做了什么的一种方式，同时也是一个你可以头脑风暴进一步要做什么的地方。可以个人使用，也可以在不同课程内容或不同年级团队或学校范围内使用。

表1.2　学校范围的社会心理技能反思

社会心理技能（非认知）	为了培养这些技能而施行的实践	进一步发展技能的想法	测量这个领域进展的想法
毅力	早上广播时大声表扬在毅力方面有卓越表现的学生和老师/助教	学校辅导员或指导老师每周都会讲授关注毅力和自我恢复力的成长型思维课程。 全校大会可以一起关注毅力。 按年级或学科领域划分的团队每周都会找一个视频或一篇文章引出关于毅力、自我恢复力或成长型思维方式的讨论	学生每季度使用学区或学校创建的电子问卷进行自我评估。 老师找出一些轻易放弃的学生，然后为他们做成长记录
自我恢复力	目前还没有	早上广播时大声表扬出色展示自我恢复力的学生和老师	学生每季度使用学区或学校创建的电子问卷进行自我评估

有些学校已经为即将步入中学（六年级）或高中（九年级）的学生发展了衔接课程。这些课程给六年级学生或新生提供机会关注这些有助于他们成功的重要元素。学习技能、如何培养和同伴相处的健康关系，以及重点关注成长型思维原则中的毅力和自我恢复力，所有这些都强调了。这些课程的老师也鼓励学生通过成长型思维接受挑战。此外，这些课程大部分都提供机会有意训练学生卡在某项任务时可以使用的策略。（请看第33页对这些策略的解读。）

构建对大脑和神经网络的概念性理解

对神经网络的理解可以显著提升动力。在卡罗尔·德韦克最初的纽约市研究中，学生汇报神经关联的可视化帮助他们进步。在我对学校的拜访当中，经常听到学生说当他们面对难的任务或难以理解某项新技能和概念时，他们会思考神经关联。这不需要深入学习神经科学——只需对神经科学这一概念有所理解就可以增加动力来获得成功。

成长型思维式的反馈和表扬

努力创建一个表扬努力、奋斗以及毅力的学习空间。当学生选择完成有难度的任务或学习某个新概念时尝试新策略，给他们反馈、表扬他们。这个反馈也涵盖你对学生行为的反应，比如一个平时优秀的学生没通过某项测评，这时你如何看待。

学习环境，不管是教室、田野、庭院、钢琴前或在厨房餐桌上，应该都是大人和学生喜欢用“不过”这个词的地方：“你还没完全做到呢，不过，再多练练，你能做到的。”

随着你开始为学生创建成长型思维的世界，记住“不过”这个词的力量。下一章为这个旅程的开启提供了一些指南。

贫困生的成长型思维

斯坦福研究人员开展的强有力研究，对高度贫困的学校有所启示。研究审视十年级贫困生的思维方式。研究人员发现贫困生的表现比较不好，更可能展示固定型思维——这样的发现不足为奇。有希望的发现是研究人员发现持有成长型思维的贫困生表现更好。在一些案例中，这群成长型思维思考者，他们对成就的测量等同于那些中产阶级的学生。这项研究表明贫困学校采用成长型思维学习环境能够让学生受益。以下章节将提供指南，照着做就可以了。

对于这点，你们有些人可能会思考成长型思维是否有效。毕竟，有一些研究表明干预到位之后成长型思维没有影响学生的成就。这让我想说的第一点是：我没有推荐一个具体的干预项目——没有成长型思维计算机程序、练习册或一套教案会对各种年级水平的众多学生产生巨大的影响。相反，把成长型思维原则融入你日常的课程和教学（有些阅读和语言艺术课程以及数学课本和教师用书特地包含了融入成长型思维的建议）。第二点是这些研究很多都有缺陷——用单一的、设计好的一节课作为干预，对象是一小群学生或只有一个年级，而不是多样化的学习群体。

如果你对这些研究的总结感兴趣，认知科学家丹尼尔·威林厄姆在文章《问一位认知科学家：发展成长型思维有助于学生学习吗？》里分享了很好的总结。尤其是威林厄姆回顾了研究，得出的结论是“有很好的证据表明社会心理有效性理论可以用来帮助学生”。

关于成长型思维，特雷弗·拉甘和大卫·耶格尔在《成长型思维的新时代》视频里总结一些研究并引出压力思维方式的概念。

在《大脑如何学习》中，大卫·索萨分享老师在帮助学生从原有的固定型思维转变成成长型思维的思考者这一方面起到的重要作用。他分享了这篇来自《应用发展心理学期刊》的文章摘要。

研究揭示持有成长型思维的教师对学生（尤其是男孩）的成长型思维有积极的影响而且数据上也展示了显著的关联。

我们都很认真地担任教育者，对于课程变动、安全条约，帮助学生补上由于流行病或其他原因落下的功课，这些情况有时会让我们感到不知所措。好消息是成长型思维不是剖析和学习一个新课程或分析测试数据——它是关于我们如何看待自己以及通过潜能和可能性的视角如何看待我们的学生。

第二章

如何着手开展成长型思维教学

"即使学业很难，我也能够学习并变得更聪明。"

——四年级学生

讨论怎么做之前，让我们先强调我在学校和课堂观察到教育者开始构建成长型思维环境时遇到的一些挑战。我观察到迈向成长型思维环境最大的障碍之一是本意好的教育者持续向学生传递他们能够成功的信息——他们只需坚持并努力。那么，这样的信息有什么问题？问题在于这样的信息缺失了内容——我们必须首先确保我们的学生有迈向成功所需要的策略或工具。如果学生没有，他们可能继续以同样的方式一再尝试却得到同样的结果。

教师注意到学生正费劲地理解一个概念或完成一项任务，这时教师典型的行动是什么？当然是帮忙！作为教育者，我们有时急于把学生从他们的困境中“营救”出来。理由有两层：一是，我们想帮忙；二是，这也是帮助学生步入完成任务正轨的最快方式。

在成长型思维的学习环境中，学生必须学习：(1) 如何使用各种策略来学习；(2) 当这些策略不管用的时候，如何寻求具体的帮助。我们的学生需要施行的策略跟你教某项新技能或概念时使用的策略相似。

当学生卡住的时候他们都做些什么？他们有没有一些训练过的策略备用？这里有些更通用的（没有具体到课程内容或年级）策略他们可以使用：

- **把想法说出来或自我对话**（元认知）

  你有没有跟同事、朋友或搭档解释某件事的时候出现这样的情形？——一句话讲了一半，你脱口而出：“噢，没关系，我知道怎么做了。”如此大声解释情境实际上帮助你彻底思考并理解这件事。这就是“把想法说出来”或“自我对话”能为学生做的。

- **把材料分成一个个小部分**

  我们知道如何为学生分解材料，但学生自己知道该怎么做吗？你有没有感到不知所措、不知道从哪里开始动手的时候？或许你的家居整理师离开了，而你没有动力自己整理，因为感觉任务难以完成。你需要把这项任务分成可以掌控的小部分。或许一次一个房间或那个房间的一个角落或者一个柜子，如果事情真的太多……你可以先从一个架子开始。我们知道这么做——但我们需要教我们的学生如何把一项大任务变得更能掌控，进而完成。

- **休息一下，提高成效和创造力**

  一次短暂的休息（5到8分钟）能够让我们的大脑清醒，而且可以帮助学生找到他们先前没看到的解决方案。

  这个方法对大人而言也管用——像你们许多人一样，我喜欢在手机或平板上玩游戏来使我的大脑保持兴奋。我喜欢词语游戏，这样的游戏会给你具体的字母，然后用这些字母造词。经常是我离开游戏，过会儿来再回来，很容易看到休息之前没想到的一些词。这样的休息让我的大脑有机会恢复精力并处理信息。

- **回顾先前的反馈和例子**

  有意教导我们的学生回顾过去完成的作业，读老师写的评语并从线上和纸质版的资源中找例子。如果和学生一起回顾这个策略，给他们时间通过你的反馈来训练。

- **强调能够帮助聚焦**

  强调不仅仅意味着用高光笔、笔记本电脑或平板上的高光特征。强调还包括诸多选项：从索引卡或在平板或笔记本电脑上创建一个窗口来关注重要的文本或使用小的手电筒瞄准词和短语（小孩子喜欢这样的方式）。

- **通过具体的问题寻求帮助**（学生尝试一些策略之后）

在学生寻求帮忙之前，如果说“我不明白这个”或者“我需要帮助”，这样并不能让学生投入到学习内容中来。让学生在提问之前，说说他们对任务的任何理解。否则，他们可能就会选最容易的方式完成任务——还没真正做任务就直接寻求帮助。

在构建成长型思维这条路上，第一站是构建成长型思维校园文化，即珍视智力的成长，并且让教职工内化智力可以培养这一信念。理想地说，在这个构建过程中，每个成年人必须努力秉持这样的思维方式，即相信付出努力、动机、毅力以及在正确的教育策略指导下，所有学生都能取得巨大成就。学校秘书、后勤、课堂助理以及教师和行政人员都应该致力于营造成长型思维的校园氛围。

学校全体员工的专业发展是实现这个目标的起始。首先判断教职工当前持有什么样的信念体系，这很重要。不管你是独自朝这个目标努力，还是以一个年级作为团队，或所有的教职员工共同参与，抑或整个学校体系为之服务，一开始就反思你自己对于智力持有的个人信念体系是重要的。

第一步：反思并预评估

在一系列的专业发展研讨会之前，我用图2.1让来自东海岸一个高度贫困的城市学区的老师们写下他们对智力的信念。

请分享你对智力的想法以及/或者当你准备成为老师时你会如何教授学生智力知识。

我对智力的想法是：

____

____

____

____

____

完成后，请将这张工作表放进一个信封，在信封上写上你的名字和今天的日期。

这一年晚些时候，打开信封，看看你今天写的答案。思考近一年间你的答案是否有所变化。

图2.1 职业学习时段开展前教师对智力的反思

这些教师教的班级从学前班到高中都有，他们的教育经验有很大跨度。教师们的反应各不相同，展示了关于智力的许多不同观点。有固定型思维倾向的教师（他们需要改变关于智力的信念体系）的反应如下：

- “智力与生俱来（或天生就没有），而且是不可改变的一部分。”
- “智力是固有的、遗传下来的。”
- “人的一生中智力并没有改变多少，智商从八岁开始基本定型。”

- “智力是指学生在任何时间吸收、保存并转述信息的能力。”

在我策划职业学习时段之前，收集并分析老师们的这些回应作为预评估；目的是在开展一系列促进可塑的智力的工作坊之前了解老师们的想法，然后让他们在一系列工作坊结束之后再次回应同样的问题。（预评估也模拟了差异化教学计划中的第一步，这一点在本书后文会讲得更全面些。）我发现约三分之一的教师证实了他们相信智力可以发展的思维方式，而约三分之二的教师持有智力固定不变的观念。有趣的是他们教的学生在年龄和年级方面不存在一个模式，然而，一些经验较少的教师倾向于成长型思维，而有经验的教师持有固定型思维。（这个差异也可能是因为他们获得教育学位的时候，也形成了当时流行的脑科学的观念。也许有经验的教师读完学位时，当时流行的主要是“钟型曲线”的脑力观念，并广泛应用于对教师的教育；这个理论声称总有学生没学好而且也只能学这些了。）

你们所在的学校也可以开展类似的流程来看看你们的老师对智力的感想。理想的话，教师应该反思并作以下回答：“我对智力的信念是……”然后每个人将他们的答案放入一个信封，在一系列的职业发展培训之后，将他们当下的思维方式与最初的思维方式进行比较。

完成这些个人的思考之后，问教职工赞同还是不赞同以下从卡罗尔·德韦克的书中改写过来的论述：

- 我们的智力是我们根本的特征之一。
- 我们都能学习新事物，但我们不能真正改变自己的才智水平。

对老师们的回应进行评价，看看谁赞成或不赞成这些论述。倘若教育者被教导或培养成相信智力不能改变，那么他们可能赞成这两种论述。

第二步：养成大脑具可塑性的观念

一些教育者抵制这样的想法，即所有的学生都能够达到高标准，而且天赋可以发展。如前所述，这很大一部分归因于教师和行政人员自己受教育的情况。许多高等院校教师预备项目支持智力呈“钟型曲线”这个理念。这些未来的教师了解到的是一个典型的班级有“优秀”、“中等”及“差”生。情况始终如此吗？所有的学生都能掌握学习内容吗？学生能否都超出年级水平？不是每个人都是玛雅·安吉拉、史蒂夫·乔布斯、奥普拉·温弗瑞或纳尔逊·曼德拉，但这些人如果没有付出许多的努力和毅力，他们是不可能成功的。

用你从第一步收集的数据，开始策划相应的方式教育职工关于智力可塑性的理论。对一些教育者来说这是一种新的思维方式，知道这一点很重要，因此传递信息时要敏感些。记住，许多人相信智力是我们与生俱来、内在的恒久不变的特征。

交流思维转变时可以做这样一个类比，即让教师想想牙疼是如何治疗的。五十年前，如果有人牙疼，怎么治疗？大部分人可能把牙给拔了。现在由于牙科领域的高端科技，大家有了更多的选择。给教育者举这样的例子是重要的，因为这样一来，他们也会理解培养智力的可能性，这就给了教育者一个“出路”。

在盖伊·川崎的专著中，他描述了两种人：

> 食客和烘焙师。食客想从现有的馅饼中得到更大一块；烘焙师想做出更大的馅饼。食客认为如果他们赢了，你就输了，而如果你赢了，他们输了。烘焙师认为每个人都能接受一个更大的馅饼。

如同烘焙师，班上没有“失败者”的话，全体学生也能赢。在这种情形下，“更大的馅饼”就是课堂上的成长型思维文化。

我的经验是一些教师了解到智力可以发展之后感到愧疚。在过去，这些教师根据感知到的智力或以类似的理由来降低对一些学生的期待，并在此基础上给学生分组、教导他们。让教育者知道根据新的研究和科学的大脑研究，我们现在对于孩子和他们的潜能有了不同的了解，因此他们不用对过去的做法感到愧疚。相反，他们能够而且应该向前看——培养成长型思维，并改变之前固定不变的信念。

用你在预评估里了解到的信息，一起策划为期几个月的多种职业发展讨论。分享最近关于智力发展的研究、研究结果及教育内涵。是否使用德韦克的“固定型”和“成长型”术语完全取决于某个学校或体系。你也可以将这些观念描述为可锻造的、发展的或灵活的智力（成长），抑或静止的、固定的或停滞的智力（固定）。

有些学校选择采用校训的方式：“我们都能在和谐校园变得聪明”或“我们的努力是海文克雷斯特最棒的”。职业发展最重要的方面是从概念上理解并传达智力并非停滞的内在特征的想法。这个想法是根据具体哪个研究人员、哪本书或哪项研究构建的并不重要。重要的是开始谈话！让教职工思考这个概念的一种方式是问以下几个讨论题：

- 作为社会成员的我们相信或者证实了成长型思维吗？为什么？
- 个人生活或职业生涯中，在什么领域你持有固定型思维？为什么？

许多教师引用以下例子说明他们在一些领域对自己的弱点持固定型思维，或认为一些领域“绝不可能擅长”，如科技、厨艺、理财、运动。教师分享了他们在某些领域可能抱有固定型思维之后，我提出这个问题：“如果你得到恰当的教导，如果你有时间、毅力和动力，你能成为一个更好的厨师、理财专员、棒球手吗？”他们会回答“当然可以”。然后我问：“如果你想唱得像麦可·布雷或碧昂丝那样，你会怎么做？你可能达到或不能达到这个目标，但有了恰当的指导，足够的训练、努力以及动力，你可以成为一个更好的歌手吗？”“可以！”我们大多数人在人生中的某些方面持有固定型思维，因此我们停留在从“我当然能做！”到“我绝对做不了！”这个区间。提供诸如此类的日常例子能够帮助教师更易于应用神经可塑性观念。

向教师介绍成长型思维的另一种方法是谈论一个人的情感会因为他的思考、态度以及行为而改变。安德里亚·威尔是一名大夫，也是《自然而然的幸福：情感健康的新途径》这本专著的作者，他在书中指出，某些研究不仅表明智力可以发展，而且诸如幸福和移情的情绪也可以发展。同样，训练能提升歌手的声音质感、运动员的表现或者促进数学家的成长，训练也能帮一个人变得更加幸福。威尔引用了威斯康星大学麦迪逊分校情感神经学实验室主任理查德·达维逊组织的大脑研究。达维逊对马西尤·李卡德的大脑进行了扫描；李卡德是一个法国人，获得分子遗传学专业博士学位，后来成为一个佛教僧侣。达维逊基于收集的数据，给李卡德起了一个绰号——“世界上最幸福的人”。达维逊发现李卡德的左边前额皮质增加了活动，而这跟积极情绪相关。李卡德努力营造幸福，实践幸福，通过冥想消除消极情绪——请记住他现在是位佛教僧侣！这项研究证明幸福是可以通过实践与努力习得的。

做一个乐观的学习者对学生来说是有益的，因为这帮助他们准备好面对新的学习，对他们自己有能力做到感到乐观。还记得第一章对神经可塑性的讨论吗？是否因为大脑的神经可塑性让我们有能力变得更加幸福？这个概念许多教师都能理解，并能够重新应用于智力是可以发展的这个观点。

第三步：学会如何表扬学生

我们如何表扬学生？穿过任何一所校园，你几乎都能听到老师表扬学生的成功、行为或态度。如果我们走在具有成长型思维的校园文化的道路上，教育者必须更加懂得如何表扬学生。卡罗尔·德韦克和她的同事充分证明表扬学生付出的努力而不是结果，这么做是有价值的。德韦克通过她的研究发现，那些相信智力与生俱来且不能改变的学生刻意让自己看起来聪明。对一些有天赋且能力强的学生来说尤其如此。

因此，诸如“你看起来好聪明”的表扬对那些认为智力固定不变的学生来说毫无裨益。说“你真聪明”相当于说“你真高”——孩子如何对待高个儿？这属于孩子无法控制的遗传基因。这两种表扬都没有考虑到孩子做出的行动。什么努力都没得到认可。当大人表扬孩子“是什么”，比如高个儿或聪明时，孩子们会将他们的成就归因于他们与生俱来的某个固定特征。当大人表扬孩子“做出”的行动或“完成”的任务时，孩子会将成就归因于自己的努力。而这往往只是在已有的表扬上加几个词而已。譬如，如果一个教师说“你的试卷完成得很好”，她可以补充说：“我可以看出你学习非常地努力。”将表扬“努力”的词汇添加到已有的表扬陈述中传达了成长型思维的信息。大人们也必须意识到他们的肢体语言传达给学生的讯息。抱臂、板着脸、沉重的叹气或者翻白眼，这些都没有传达成长型思维的讯息，不管这个人说了些什么。

一些有天赋且能力强的学生认为付出努力是软弱的标志，注意到这一点是很重要的。如果一直跟他们说他们有天赋且聪明，他们就会认为学习对他们来说很容易；因此，他们会觉得如果你得认真工作，那你肯定不聪明。

学校应该为所有教职工举办职业学习时段，关注如何表扬珍视和促进成长的学生。安排一个让职工反馈的支持体系也很重要。同伴辅导或学校领导力可以给所有职工提供建设性反馈。调整反馈和表扬不像听起来那么容易——当你致力于成长型思维式表扬和反馈的时候，对自己要有耐心，和学生交谈的内容要更有目的性一些。我强烈推荐这个五分钟的视频："卡罗尔·德韦克：对表扬和思维方式的研究"。（应该在每所学校的职工大会上放映和讨论！）这个视频是对德韦克关于表扬的研究的一个很棒的整合。

第四步：教师接受关于大脑的教育

尽管已经过去几年了，但我还是很少碰到教育者修过与大脑相关的课程或自己阅读、了解大脑及其对学习的意义。这把我们拉回到让教育者思考的第一个问题："智力是什么？"许多教育者认为他们对大脑的了解足够多，他们可能认为有些孩子的大脑更加“敏捷”，有些则较为“迟钝”。事实上神经科学是这样一个领域，它不断变化，与所有的研究一样与时俱进。尽管神经科学这个领域很复杂，但师生对于大脑基本概念的理解既简单又重要。

一言概之，当你学习新事物时，神经元产生新的关联。这些关联随着实践和努力变得更加强大。关联越多，你的大脑神经越稠密。大脑密度越高，你越聪明。（因此，如果你曾经因为愚钝被指责，这是好事！）这些神经关联或神经路径每用一次都会变得更强大，教育者对此应该有一个清晰的理解。你可以想象崭新的学习经验如同被一根细线连接起来的神经元。每当新的学识得到训练及应用时，这根细线就会变得越来越粗实，直到这项学习被掌握。这时，原本那根微弱、细小的线有着粗绳般的力量。为了加强学生的这些神经关联，教师持续把先前的知识和经验联系起来，这一点很重要。在一个学习过程中，神经路径得以发展和增强，那么大脑就会产生更多的物理变化。（在第六章你可以找到给学生的学习任务范例。）

你还可以描绘一条新的神经路径，就像初次穿过一片未被探索的森林。某条道路走得越频繁，挡道的障碍和关卡就越少。最终产生一条干净的道路。这条新的道路意味着对刚教过的内容有了清晰的理解。

第五步：教授学生有关大脑的知识

神经科学在小学和初中并不是一个主要学科，高中的科学课上也不常见，除了生物课上用一个章节或一个单元的篇幅作介绍。那么，教育者如何找时间教授学生关于大脑的知识？最重要的是意识到这不仅仅是教几节课的事。这是一个必须再次回顾并随着时间不断建构的领域。教师需要向学生介绍并清楚地教导他们智力可塑性这一概念，然后不时回顾，这样学生就会意识到智力并不是一个固定的数字、试卷上的一个分数或一份成绩单。学生必须理解智力在努力、毅力及动机的基础上不断变化。他们很快将意识到如果运用智力，它就增长，如果不用它，它就衰退。

现在出现了越来越多关于神经科学教育重要性的研究。2012年，马歇尔和科莫里发表了他们的研究成果，在《早期教育和发展》这份期刊上刊登了《孩子对大脑功能的观念转变：在早期初级教育环境教授神经科学的意义》。他们的论文包括两个针对4到14岁的儿童的研究。第一部分研究的目标是确定这些儿童已经了解大脑的知识。结果表明大多数孩子认为大脑的功能仅限于智力活动。换言之，他们认为大脑仅仅用来思考。基于这些结果进行的第二部分研究证明仅仅利用一小节课的讲解就可以纠正对于大脑功能的狭隘观念。在这个案例中，研究人员设计课程教导孩子了解大脑与他们的五官、体力活动以及日常行为都有更广泛的联系。这项研究发现，即使是开展简短的课堂教学，也可以明显让一年级的学生更加明白大脑和感官的关联，而不再坚持“我的大脑仅供我思考”这样狭隘的观念。

第六步：与家长一起探讨

在过去几年，我为教育者以及家长举办了许多关于智力可塑性以及成长型思维的工作坊。每当我跟许多家长探讨成长型思维的重要性，而不是认为智力是可见的，并通过这样的视角看待他们的孩子，这为他们敲响了警钟。这些家长工作坊结束时，我用一些时间让家长反思他们刚刚听到的内容。我让他们记下当时的想法以及他们的计划。许多家长都反思了对自己孩子说话的方式。譬如，有一位家长作了如下分享：

> 我打算从明早的“早高峰”开始做一些改变。我不说“你太慢了”或“你真是个慢吞吞的懒汉”，而是说“我真的喜欢你争取按时上学的样子”。我得做很多改变。

而且有趣的是，我注意到几乎每一个工作坊都会有家长问：“呃，老师都知道这个吗？”家长可以在第八章了解到更多的内容。

第七步：督察、评估或审视构建成果

如果你已经花很多时间培养和建构成长型思维理念体系，那么现在应当评估你、你的学校或者你所在学区的构建成果。你如何监督并确保参加构建的人员每一天都切实朝这个目标努力呢？一种方式是“找一找”——你在教学楼的任何教室走动以观察学生和教师的行为。（在第九章可以找到“找一找”的范例。）另外一个选择是利用职业学习教研组。这些学习小组应该集中讨论迈向成长型思维教学的进程。在网上设置提醒，这样关于神经科学中的教育和成长型思维的新文章或研究成果一发布，学习小组的组长们就会注意到。学习小组应选用一些相关的专业图书作为教学研究或读书俱乐部的选读书目。这些阅读材料将帮助组员内化思维方式的概念。

想一想这些学生是如何被分配到各个教学小组和班级的。当前学生分班体系是否有助于成长型思维校园的形成？以下是一位即将入读九年级的学生的家长和将接收该生的英语教研组组长之间的电子邮件往来。请通过成长型思维的视角阅读这些邮件。（名字和具体的细节有改动或省略。）

敬爱的英语教研组组长：

我们的女儿爱玛明年将入读大山高中，我们为此感到激动。我们打算与您分享一些她对文学感兴趣的信息。爱玛读八年级的时候，她对文学的热爱达到了极致！这部分是因为这一年她在文学这一方面有了很棒的体验。我们看到爱玛深入挖掘她读的每本书里的象征主义——她提问、解读、分析每个人物的话语和行动以及伏笔，并且想与人讨论她读的每一本书。在过去的几个月，她的写作有了很大的提高。爱玛对文学的热爱，令我们感到兴奋。标准化考试并没有反映学生在深层次阅读过程中涌现出来的兴趣、动机以及成就。我们想，可以采取什么步骤让她能够分配到新生的优等文学班？这一年她的阅读成绩都是A。

爱玛在文学领域有着强大的成长型思维，而且她强烈认为自己就读优等文学班能获得成功。显然我们不想看到这样的成长和热情在她身上衰减。请告诉我们达成这个请求需要什么样的流程。非常感谢您花时间阅读此信，期待您的回复。

诚挚的，

M夫妇

给父母的回信。

亲爱的M夫妇：

谢谢你们近期咨询你们的女儿爱玛是否可以变更班级。分班一般是教研组组长决定的，也有些情况是和学校其他职员协商后决定。分班基于候选人分班测试的结果。我们确实也考虑候选人在英语和阅读方面的分数（当一个候选人处于我们取舍标准的上限），但考虑到学生来自不同的地区、准备的水平各有不同，分班测试分数确实为我们提供了最好的方式为入学的学生分班。优等班的取舍点是：75分（口语技能）、75分（阅读）。你女儿的分数远远低于最低取舍点。我们有很多学生的分数高于这个标准，请理解这一点。你们提到她这一年的阅读都拿到A，而且这个兴趣也只是在八年级的时候产生，这让我们对你们女儿是否已经准备充分有所疑虑。

尽管我理解你们不想看到她最近在文学方面的兴趣消退，我想强调我们新生标准班的英语课足以挑战我们的学生。她将会在这一年的新生英语标准班接受挑战，我们也能够填补差距，给她提供机会打好批判性阅读和分析性写作的基础。如果她这一年在大学预备新生英语标准班获得A的成绩，那么她就能升到二年级的优等英语班。

最好的问候，

英语教研组

首先，好的一面是教研组的回复回答了那对父母在来信中提出的大多数疑问。爱玛的父母咨询具体分班的过程，对于该父母的请求，教研组回复的意思是基本上没有别的可行流程。从技术层面说，学校的回复是一份仔细思考、写得不错的信件。然而，以成长型思维的视角读这封信可能需要深呼吸。我读这封信的时候是这样。许多学校所有年级都发生过这样的把关。爱玛证明自己的积极性、动机及意愿来挑战优等生水平的课程。教研组则展示了一种固定型思维，即基于这个孩子一生中某个早上的一次多个科目分班考试而认为她没有内在的能力应对优等生水平的课程。如果你进一步分析这个回复，它也向父母指出这个小孩远远“低于”他们的“取舍点”。（给父母的信息是：“你们的孩子不聪明。”）如果你们的分班甚至容许“取舍”这样的词汇，那么分班过程对成长型思维文化并没有真正的益处。再次看看这个回复，并注意其他类似的表述：“你的孩子应对不了。”事实上把即将入读的学生称为“候选人”也传递一个信息。“候选人”的同义词包括竞争者、被提名者以及比赛选手；那个小孩只是想读一个优等班，又不是参加政治竞选。而且还没见到孩子本人之前就决定她不能就读优等班。如果学校或教师依据考试成绩不能让孩子选读优等班课程，也许可以先邀请这个孩子来聊聊她读过的一本书、评估一下她的动机，这么做也算是采取了恰当的中间步骤。上述信件描述的这种情形正好是把关及固定型思维的一个很明了的例子。

与教师分享以上的交流或者类似的例子事实上是与你的团队或教师深入讨论关于信念和学校政策的一个有效方式。有些教育者可能不觉得以上的决定有何错误。如果情况如此，让他们通过固定型思维或成长型思维再次审视这个案例。这给孩子传递了什么信息？如果一个学生有动机、毅力和意愿付出努力，她是否应该有机会加入你们学校或学区更高水平的班级？除了督察教师如何与学生互动并交流成长型思维，评估校园或学区现有的教学实践和政策也势在必行。

那么当爱玛被优等班拒之门外，她会怎么样？令人伤心的是爱玛不再对文学那么富有激情。这种情况的发生可能有若干缘由：一是她所在的英语班没有同学能与她分享文学的乐趣。解读性讨论不够，差异性就不会产生，而且她也开始认为可能英语毕竟不是她擅长的。二是缺少有效的班级管理，教学时间被用来让学生排好队，准备学习。尽管她遇见的是一位很有潜能的一年级教师，管理仍然不是强项。新生的英语课“覆盖”了部分内容，但教学缺乏深度。写作不是按照学生的长处和需求来教学，当家长咨询具体的写作指导，被告知学生就读高中时就应该知道如何写作。

至此足以说明由于学校或教育者的固定型思维以及把关的做法，本来一个准备好迎接挑战、获得成功的小孩现在不相信自己能够做到。如果爱玛所在学校的政策制定者相信神经科学研究证明的大脑可塑性以及动力的重要性，或许爱玛能够发展她对文学的热爱。

插画者：罗俊翕　北京第一实验学校

第三章

成长型思维教学对差异化、响应式课堂的重要性

"我的大脑一天比一天聪明。"

——一年级学生

一个教师的思维方式很大程度上有助于他或她对学生需求的回应。如果一个教育者只看到一个学生的不足与缺陷，那么这个孩子不会得到机会成长，除非孩子是在一个响应式的课堂上。只看不足的思维方式是指根据已知的不足或者种族、低收入水平、英语习得以及其他各种因素来推断一个孩子的能力。重视因材施教的教育者通常认为自己对学生的智力很了解。我想论证的是如果一个教育者不能真正相信智力可以发展，那么一个有效的、因材施教的响应式课堂不可能得以策划并实践。因材施教是一种响应式教学。问五位教师"因材施教"对他们而言意味着什么，你可能得到五个不同的答案。简单说，因材施教是教师回应学生需求的方式。

> **因材施教**
>
> 即教师回应学生需求的方式，这样每个学生在合适的水平都能接受挑战。

让我们假设你努力实践成长型思维，你想回应所有学生的潜能。你知道如何有效地因材施教或回应学生的需求吗？ 你需要以什么样的教学方式确保一个响应式的学习环境？这似乎是许多教师面对的困境。我们再次发现许多刚获得教育学学位的老师，从未上过一堂践行因材施教或响应式教学的课。这一章的重点是描述必要的步骤来建设一个因材施教、响应式的课堂。

预习和预评估

因材施教的最初阶段涉及在备课前预评估或了解学生对某一个具体技能、概念或话题了解多少。预评估是创建因材施教课堂的第一步。

过去预评估曾在某一个科目使用多年。猜猜是哪个科目？拼写！以前的做法是：学生在周一有个拼写预测试，然后在周五有个拼写后测试。在拼写预测试显示的一系列成绩的基础上，教师的教学方式发生了什么变化？在有些班级，老师让学生学会拼写不同的单词，这些词可能是从他们自己的作文中找出来的。

在其他班级，周一预测试单词懂得越多的学生，得到的“奖励”是学习更多的单词！因此，这些很棒的拼写者必须学30个词而不是20个词！（什么？？？）其他时候，学生只是做预测试，不管测试显示他们对单词的掌握达到什么水平，整个班级一个星期都做同样的拼写活动，到了周五又都参加统一的考试。这个困境表明因材施教和响应式课堂不仅仅是做预评估，而且要对预评估的结果有所回应。

预评估

即设计教学之前了解学生对于某一个技能、概念或话题了解多少。

预习内容

了解并尊重学生已学的知识是重要的。然而，在开发你自己的预评估或使用一个已经设计好的预评估之前必须有一个重要的初期阶段。你得让学生有机会“预习”评估的内容。我知道有人会想：“如果我这么做的话，那评估就太简单了”或“这是作弊！”不是。事实上，预习让学生有机会激活他们的背景知识以及预评估前所学的知识，这样预评估的结果将会更好地反映学生已经理解的东西。想象一下你准备坐下来读一本新书。5到10分钟后，你读到了故事线索，你的内心有所触动，于是你想自己也许以前读过这本书。你开始觉得自己对这本书很熟悉，只是对书名一点印象都没有。或者你也许曾经在图书馆或书店拿起这本书，读了封面背后的简介，之后你想起自己读过这本书。那个简介激活了你的背景知识；它触发了你的记忆，相当于读这本书的预热。就在那时你发出一声“啊哈”，更好地回想起这本书的内容。

预习时间不能太长：少于等于五分钟就足以激活学生先前的知识。可以这么预习，即简单地告诉学生：“今天我想看看你们对约整数了解多少。让我先给你们展示几个约整数。”然后，开始在黑板上举例子。在预评估时，“约”这个词可能大家不熟悉也不能触发学生先前学过的知识，但快速热身之后，许多学生会想起这个概念并且准备好展示他们对约整数的了解。其他预习的办法包括提问、看短片、解读一张图片、听一首诗歌或读一个短篇故事后开展讨论。只要能够触发学生学过的某个话题的知识，任何的预习设计都可以。有趣的是，有时对于有些学生来说，他们学习一个新技能或概念需要的可能就是预习。

有一位六年级英语老师，她很清楚预评估前预习的意义。她为六年级的两个不同英语班准备了一个关于比喻的预评估。她给其中一个班级播放一段从网上找到的三分钟动画片。这个视频在预评估前播放，然后复习比喻常用的手法：明喻、暗喻、拟人。看完视频之后，她让学生完成一个笔试，要求学生辨认比喻手法，然后举出关于比喻的各种例子。她给两个班做同样的预评估，但只给一个班级做了材料的预习。结果表明，预评估前做过材料预习的学生，对比喻理解得更好一些。事实上，做过预习的班级几乎一半以上的学生在预评估中完全理解相关知识。可能有些学生通过三分钟的短片了解了明喻、暗喻和拟人，但对于大多数学生，预习帮助他们“唤醒”先前学过的知识。

发展预评估

有效使用预评估对于确保学生和教师以成长型思维工作、学习是必要的，大家都相信努力是决定成功最重要的品质。没有预评估，有些学生就不能形成好的学习品质，因为他们认为正在“学”已经理解的内容。在教学过程中，可以用形成性评估来确认学生的差异，而预评估的作用是发现学生在教学前后的差异。（许多教师教完一个单元发现了针对高能力学生的不同教学方法。）教学前后的差异让教师得以准备更丰富的材料，同时在一个单元学习的伊始给学生提供一个机会，让学生在所学话题内加快学习进程。预评估尊重了学生的时间及先前学会的知识。

决定使用哪一种方式预评估取决于评估的内容。预评估不一定总是笔试。譬如，在小学，你可能让学生做具体的数学题，或者通过开展一个安排好的讨论，从教师笔记或讨论记录来了解学生的理解力。如果你想评估他们关于测量的知识，给他们一把尺子看看他们能够做什么。为了让学生认出作者的视角，教师可以和各个学习小组会面，经过一个指导性讨论，记下与理解概念相关的想法。在这些情形中，教师都得做观察记录来了解学生从具体到抽象的一系列理解水平。

如果选择笔试做预评估，思考如何开发评估工具以更好了解学生对技能、概念和内容的理解，这一点很重要。

在合适的时候确保在指令中包含词语和图片，而且教师大声读出指令。学生也应该有机会通过不同的方式交流他们的理解。不要在一次预评估中加入太多的技能或概念。譬如，每一个数学话题或者单元可以有自己的预评估；对整个学年或学期的内容进行预评估是不恰当的。此外，如何预习所有这些概念和技能呢?

理想的话，预评估应该设置于课程当中，这样教师就不用每教一个新话题或单元就得衍生预评估，这样他们也能够让自己的课堂与学校步调一致。许多州的共同核心州标准正处于变革阶段，这正是一个理想的时间来执行预评估的设置。不管谁设置预评估，在预评估的开发阶段都应该考虑以下几点：

1. 预评估必须只能测量对具体被评估领域的理解力。换言之，如果评估一个小孩对美国历史的理解或者一个学生对莎士比亚的了解，那么这时不能考虑拼写、语法和标点。拼写、语法和标点跟一个学生对历史或莎士比亚的理解没有关系。只有当你具体评估拼写、语法或标点时，你才能考虑评估结果体现出来的这些方面的错误。

2. 预评估应该包括对技能、话题或概念的应用，而且至少有一项评估高于一般水平或者超出现有水平。你会惊讶有些学生的理解多么深远。

3. 设定不同形式的预评估，允许学生通过从辨认例子到举例证明自己的理解力。在同一个预评估中形式可以有所变化，如多选题、引用例子、填空、问答题、完成一个图表以及/或者思维导图，这里只是举个例子。不用判断对错的方式，也不用其他对错皆能猜对一半的方式，对于数学概念，最好通过两种方式评估。

4. 使用有效的问题。比如，“天空中有哪一种星系？”这个问题出现在考查学生对太空和太阳系理解的预评估中。（教师会说“银河”，但“火星”也可以。）这个问题的弊端是没能真正给老师反馈。我可能知道银河在天上，但并不知道银河是什么。更好的测评方式是：“银河是一种星系，里面包括我们的太阳系。跟大家分享你了解的银河。”

5. 如果不评估阅读，那么给学生做朗读预评估。朗读预评估相当于那些阅读能力还不强的学生的游乐场。他们能够展示自己对内容的理解，而无须为误读指令或者不懂得某个词或短语而担心。

关于开发数学预评估的指导方针见图3.1。尽管这些指导方针是为数学预评估制定的，但它们也可以应用于其他学科。教师应该避免在同一天针对同一个话题、技能、步骤或者概念进行预

开发数学预评估的指导方针

1. 预评估必须只能测量对具体被评估的话题或单元的理解，其中包括对计算步骤以及概念性理解的测量。
2. 在教师资源中表明教师应当大声朗读预评估的指令，这样所有的学生都理解他们需要做什么。（一个阅读能力差的学生不应该由于他或她不能读指令而在数学方面受到惩罚。）
3. 在预评估之前，教师跟学生说几句话。这也有助于框定预评估的目的。（如，“今天我想看看你们对分数了解多少。这个任务不会计入成绩，但你们尽力做到最好很重要。”）
4. 深入。一次数学预评估不仅仅关于计算，还应该包括对数学技能或者概念的应用。
5. 可能的话，一次数学预评估应该让学生充分表达相关概念之间的关系。
6. 使用不同的形式做预评估，允许学生展示自己从解决一个问题到发展一个问题的理解力。避免对错判断题、多选题以及其他学生能够猜到答案的方式。
7. 至少使用两种方式对每个数学技能或概念进行评估。
8. 同一个话题包括超出年级水平的评估题。

图3.1　开发数学预评估的指导方针

评估和教学。注意不能将预评估计入学生的成绩，如此让学生明确完成任务的目的，这一点很重要。让学生知道他们分享的信息将帮助教师决定采用什么方法教他们。他们要尽力完成，但也要知道预评估的成绩不会写进成绩单，这一点很重要。有一位一年级的教师汇报说有些学生做完预评估就哭了，这是因为这位教师没有恰当地框定任务的目的，于是学生感到沮丧，担忧自己所学甚少。

当开始评价学生预评估的结果时，另一个考虑重点是如何分析结果。预评估并不是一个要么肯定一切、要么否定一切的测试途径，而且某个随机的百分比也没有回应学生的具体需求。因此，如果所有学生的评估结果都达到85%及以上，就说他们都准备好学习新内容，这是不恰当的，也没有对学生的需求做出回应。随机得出85%这个数字并没有告诉我们学生的具体强项以及他们的需求。预评估的目的在于发现学生当中谁理解了部分内容，谁理解了全部内容，然后弄清楚他们之间的差距在哪里，如何备课教这些学生。当学生在预评估中展示了对学习内容的部分理解时，注意标明还没理解的地方。这一信息将有助于形成灵活的学习小组，而且甚至在教学之前，教师的教学计划就已经考虑了学生的需求。如果可以在学区集中研发预评估会更好，可以开发一个电子工具来了解学生在预评估中的表现，或者允许教师输入数据，推荐那些需要重新回顾及学习内容差距可以填补的学习领域，最重要的是可以确定删除哪些教学内容，换言之，让课程变得更加紧凑。

课程紧凑

课程紧凑这一理念最初是约瑟夫·任祖里和琳达·史密斯在许多年前提出的。有趣的是，很少有教师知道这个相对“古老”

的策略。当我准备教授研究生关于因材施教的话题时，我总是发出一份电子预评估，试着测量开课前学生对这门课的理解。评估结果帮助我根据整个班级的整体需求调整教学进度，进而为这些研究生打造差异化教学。每次我分析评估结果必定发现学生最大的需求是课程紧凑。大多数人甚至不知道课程紧凑是什么，知道这一概念的研究生却不知道如何执行。

课程紧凑是一种教学策略，通过删减教学内容中学生先前学过的知识来精简年级课程。想一想垃圾压缩机如何运作：它收入大量的垃圾，将垃圾压缩为一点点。现在思考一下课程（我根本没有把课程比作垃圾的意思！）：对有些学生而言，跨度很大的课程可以用更少的时间教，这个课程的部分内容可以删减。课程紧凑为学生赢得更多时间，从而更深入、更广泛地学习，甚至跳级学习。你的班上是否每一位学生都需要同样的时间阅读或讨论一本小说？理解或应用一个数学步骤？教育者必须乐意为那些已经准备好继续往下学的学生压缩课程。那么，我们如何知道他们已经准备好了？

课程紧凑

即一种教学策略，通过删减教学内容中学生先前学过的知识来精简年级课程。

预评估对于确定课程紧凑的需求这一方面起主要作用。课堂上学生其他方面的表现也给我们线索。譬如，如果有一位学生对某一领域的学习表现出极大的兴趣和动机，那么我们就知道可以让他或她更深入理解那些概念。譬如，史密斯先生对学生关于二战的知识进行预习和预评估，若干学生证实自己对这段历史在概念上有深刻理解。然而，史密斯先生对一位叫帕崔克的学生不是很确定。尽管帕崔克的预评估结果清楚地证明他对该话题的一些背景知识有了解，但这还不足以决定他是否需要压缩课程。史密斯先生决定上课前用几分钟的时间和这位学生讨论二战。几分钟后，他从帕崔克身上清楚地了解到他对该话题有强烈的兴趣。学生表明自己对这个科目知识的渴望，问了史密斯先生很不错的问题。这次交流，加上预评估，给了史密斯先生需要的数据来确定必须将帕崔克列入这个单元学习的课程紧凑小组。

其他表明课程紧凑需求的行为包括学生不断提前并正确地完成功课，以及学生表达了自己对高阶学习内容感兴趣。需要课程紧凑的另外一个线索在一些学生当中表现为他们上课常常走神。许多学生分神是因为他们有时间这么做。换言之，他们已经完成了自己的功课，然后用一些没什么产出的行为打发自己的时间。

灵活分组

在课堂上灵活分组时，预评估和课程紧凑是必要的组成部分。预评估之后，老师可能会发现没有学生需要压缩课程，所有学生都明白他们将受益于课时的减少及材料的删减。教师也考虑有些学生对某个学习内容理解深刻，没有什么差距需要他们填补，他们不需要压缩课程，他们只需要继续往后学。尽管各州共同核心教育标准对学习的规定更深入，也比之前的标准融入更多的批判性思维，那些已经掌握知识的学生，在他们进阶到学习更高一级的内容之前，给他们稍微加餐是重要的。加餐将确保学生跳级学习的时机不会过早。稍微加餐的意思是：多教一小部分知识。连续几天复习并以新的方式丰富已经掌握的材料并没有给学生提供恰当的挑战，也没有尊重学生先前学会的知识。

在不同的学科领域保持灵活的分组是因材施教、成长型思维班级文化的基本组成部分。传统意义上，小学课堂只包括灵活的阅读小组。这些小组之间的互动不是非常流畅，但大多数小学课堂有若干阅读小组。在过去的几年，我很开心地观察到许多学校也在数学课堂形成灵活分组教学。一旦学生开始初中和高中的学习，有个假想是他们已经“分组”了。或许某所学校提供阅读或数学的优等班或补习班。惯常的推论是因为已经分级了，在一个班级里再次分组不好。事实是这些班级存在一系列差异，根据差异灵活分组应该是班级的一个重要原则。让我们回到这个信念，即孩子能变得更聪明。如果一个班级的所有学生都以同样的水平教学，还有什么机会能够挑战那些已经准备好迎接一个更严格的学习体验的学生？关键是如果我们走进任何年级，任何课堂，在任何内容领域都应该有需要灵活分组的证据。在中学水平不可能每天都灵活分组，但灵活分组应该是班级结构的一个重要组成部分，而且成为日常惯例。教师经常反映为何没有灵活分组，提出的理由往往是难以管理。那么，我们如何在课堂上有效管理不同的小组？

管理小组

在课堂上管理多个小组最重要的一个方面是对学生明确的期待。学生完成功课应该做什么？如果他们需要帮助，而你又正好在帮其他小组的学生，那么他们应该做什么？花时间模拟并沟通对独立学习的期待，这是值得的。譬如，一个班级有三个教学小组，那么必须在规定的时间内教导每个小组。在小学一个90分钟的阅读或语言艺术课堂，教师可能每个小组指导25分钟，留时间让小组之间交流、回答问题并确保每位同学的学习方向是正确的。在中学，教师可能有45分钟的时间和两个小组交谈，每个小组用20分钟。那么当教师正与其中一个小组交流时，其他小组的学生应该做什么？其他小组也应该做一些有意义的任务来为他们正在学习的内容领域补充知识。这可以是独立学习或完成小组任务。

卡罗尔・安・汤姆林森写了许多关于因材施教的书；她在《如何在学术多元化课堂上进行差异化教学》这本书中建议把固定活动融入课堂。固定活动是不间断的任务，当学生完成课堂功课或者当他们的教师正在教其他学生时，让学生独立完成固定活动。固定活动能够丰富正在学习的内容。它们与学习中心相似，但主要针对一个单元、一个季度或者一个学期这样的时间长度。

譬如，如果学生正在学习美国的选举进程，固定活动也可以是关于选举进程。或者对于本书第一章谈论的思维方式和智力问题，如果你正在为教师规划职业学习时段，那么你可以给教师或职员提供以下的活动：

> 如果你较早完成一项活动或阅读，请看这个文件夹，选一篇你感兴趣的文章，谈论关于毅力、动机、努力和可塑性智力的各个不同方面。

通过更加深入课题领域，固定活动也可以作为一个丰富学习的机会。这些任务延伸了学习，而且是没有教师的帮助也能成功地完成任务。固定活动不是让大家忙碌起来！它们是有意义的任务，是对学生学习的自然延伸。比如，一个班级学习美国选举进程，教师可能对一组在预评估中证实已经理解该内容的学生进行延伸学习。班上的其他同学正在阅读并回答文章的问题。其中两名学生完成了他们的任务，所以他们现在有机会参加一些固定活动。在这个案例中，教师开发了一个固定活动，即分析政治卡通。学生找到一个文件夹，里面有关于美国历史的政治卡通，传递了关于政党和历史上某次特殊选举的信息。学生使用指导性问题或者图表分析卡通的信息。他们甚至可能给传递相似信息的卡通分类。这项任务是有意义的，它不仅要求学生运用批判性思维，而且这样教师就有时间教导另一组学生。一个额外的奖励是这种类型的固定活动不需要打分，因为活动是解读性的。学生只需要付出努力并证明他们的想法即可。

> **固定活动**
>
> 即当学生完成课堂功课或当教师指导其他学生时，给学生一些不间断进行的任务，这样的活动还丰富了学生的学习内容。

网上有许多资源可以用来开发固定活动。你甚至可以自己开发一些跟大脑可塑性有关的固定活动！在这方面下功夫是值得的，因为这将会帮你轻而易举地管理不同的小组。

加速和加餐

加速或加餐，哪一个更重要？好吧，这是个刁钻的问题，其实这两者同等重要。加餐是对内容的进一步深入和拓展，加速则是继续往下学新的内容。加速可以有许多方式，而且也不仅仅是跳级。加速是指允许那些在预评估中证明已经掌握内容的学生以及那些迅速掌握内容的学生一起继续学新的内容。学生应该每天都在学习。预评估和课程紧凑允许在话题和内容领域里加速。持有成长型思维的老师和学生有必要加速学习进程。我们可能这样想："他不能加速学习进程；我不想让他沮丧。""她轻易就完成任务了，所以我不加速。""他们正在履行行为契约。"这些尝试让把关合理化，但这些并非响应式课堂的一部分。话题或内容领域的加速学习不是一种奖励；对于那些证明自己已经掌握知识并准备好迎接更多挑战的学生，加速是必需的。

加速

即加快学习的速度，允许那些已经掌握知识或者快速掌握内容的学生进入更高水平的学习。

加餐是指更深入地学习。学生能够在不同的情境应用技能、概念或者流程吗？他们能够批判性地思考内容吗？学生有能力对材料进行推理吗？加速之前稍微地加餐是个好主意，特别是当预评估仅仅迅速了解表面层次的理解情况时。如果预评估测量了理解的深度——譬如，应用观念和技巧——那么或许学生已经准备好加速，就不必停下来加餐了。不管加速还是加餐，重要的是仔细查看教学体验，确保加速和加餐都有很多需要批判性思考的机会。

加餐

即更深层次和更广宽度的学习，进一步深入内容并能够拓展。

形成性评估

在一个响应式、成长型思维的课堂设置形成性评估或检查理解力是毋庸置疑的。在教学过程中检查理解力给予学生机会，让他们接触复杂、吸引人的教学。正是通过形成性评估，教育者确定了教学内容以及学生掌握概念的节奏。通过形成性评估，教师也了解了谁还没有掌握某个概念，并制订计划以一种新的方式再次教导。一直进行的形成性评估在教师决策方面也起了关键作用，而且也应该在所有内容领域惯常使用。

形成性评估

即在学习过程中检查理解力以便调整教学方式来提高理解力；这是对学习的一种评估。

形成性评估为教师提供了一种反思的工具。这样的评估不用打分。它可以帮助教师快速检验、了解学生在学习道路上的方位。形成性评估帮助教师发现谁需要重新教导，谁的学习方向是对的，谁需要加餐和加速学习进程。如果大部分学生没有成功，那么教师应该像费舍和弗雷建议的那样做：反思教学方式，想出一个新方法展示学习材料，重新教学生这个材料。

形成性评估也检查学生的理解力。教师可以用形成性评估中得到的数据灵活分组、保持小组之间的互动。如果一个孩子开始的时候分配在常规水平班级，但他比同组组员理解得更快，那么教师应该将这个孩子调到一个对他有挑战的小组。通过过程进行中的评估，学生将会有更多的机会丰富自己的学习体验。

形成性评估不用弄得很复杂。保持评估简单化。以下的一些想法可以帮你在课堂上做形成性评估：

- **使用让学生口头回答的问题。**在教学过程中或者下课之前（初中和高中），让学生回答关于课堂内容的各种问题。记下那些理解有误或者没有理解的学生。（如果学生知道课上或课后会被提问，这个方法也可以帮助学生在学习过程中集中注意力。）

- **使用让学生书面回答的问题。**给学生提供一些问题，帮助他们交流对某个概念的理解。

- **使用退出卡片。**教学之后每个学生都得填写退出卡片，在卡片上提供提示。可以是一个数学问题，一个需要纠正语法的句子，一个关于某个历史事件为何或者如何产生的问题，或者一个总结所学内容的陈述。

- **使用3–2–1。**3–2–1可以根据学习内容和不同年级定制。3–2–1的通用表可能给学生提供口头表达或书面表达的机会，譬如：我今天学习的三样东西，我对两样东西有问题要问，对一样东西我想学更多一些。图3.2是3–2–1的一个例子。

- **倾听并观察学生。**当学生在科学实验室、正在做一道数学题，或完成一个课内写作任务，或听他们讨论一本小说，这时候观察他们的表现，可以作为形成性评估。

- **使用弗雷泽模型。**让学生举例子和非例[①]、列出特征以及创建对一个概念的视觉展示（见图3.3）。

---

① 非例（Non–example）：指与某一概念或定义相反的例子，用于帮助区分和理解该概念。在教育和学习过程中，通过提供正例（符合某一概念或定义的例子）和非例，可以帮助学生更好地理解和掌握相关概念。非例的作用在于通过排除法，帮助学生明确哪些情况不属于特定概念的范围，从而加深对概念的理解和应用。——译者注

关于大脑的形成性评估

姓名______________________________ 日期______________

3	我所学的：
2	我对哪些内容有疑问：
1	关于大脑的事情，我想多学一些：

图3.2　形成性评估的3-2-1案例

没有形成性评估，以下的情景肯定会经常发生：一位自然科学教师向同学介绍一个新概念。他讲了40分钟，用幻灯片展示、解释了这个概念。学生的家庭作业是根据教师今天教的内容完成一张学习表。学生完成作业并上交。许多学生之后在网上查分数，发现他们的作业都不及格。

关于这个情景，现在让我们思考一分钟。如果那位教师能够以不同的方式布置这项作业，它是可以作为形成性评估的。上课前快速看一眼家庭作业，教师本该看到许多学生没能掌握这个概念。那时，他应该多花时间检查作业、更正，若有必要重新教这个概念。如果课堂上有固定活动，那么可以让那些已经掌握的学

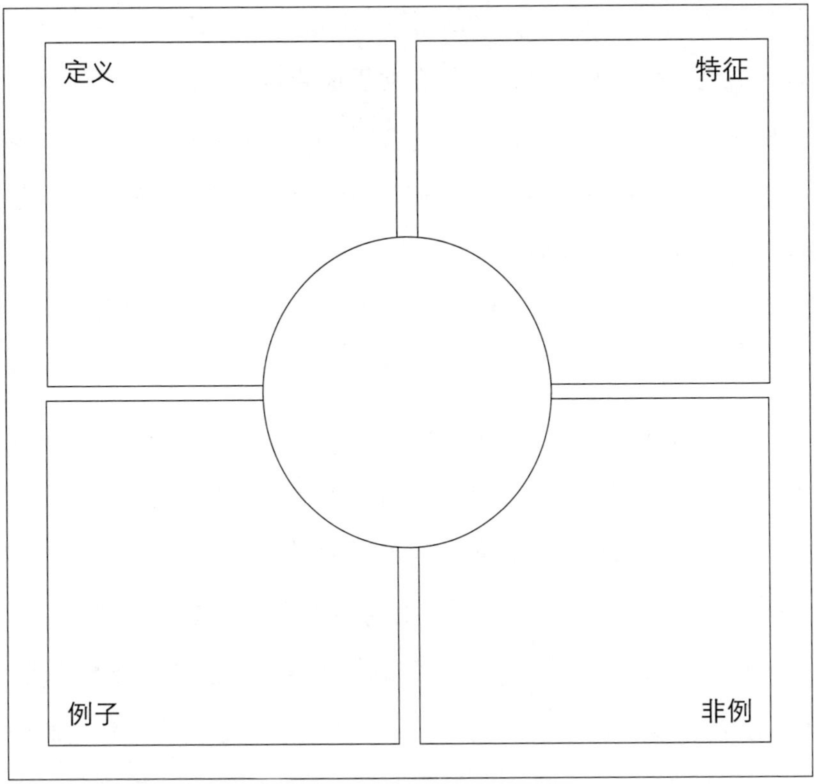

图3.3　弗雷泽模型空白表

生完成固定活动或者参与更正/重教。另外一个危险信号是学生没有拿到作业、看看他们的错误所在，他们只是在网上得知自己的分数。直到一个缺勤的学生上交他的作业之后，教师才发放试卷给大家。家庭作业可以当成形成性评估（只要你确保这是学生的作业）而且不应该只给一个分数。家庭作业的打分应该体现是否完成，而不是精准到某个具体分数，尤其当学生还在学习理解的过程中时。

开展形成性评估的时候，让学生知道你为何进行形成性评估，也让他们了解这样的评估有助于你调整教学，更好地满足学生的需求。让学生知道，作为教师的你总想着让自己提升和成长。一个持有成长型思维的教师会成为学生的榜样。形成性评估提升了教学，并允许所有学生成长。

总结性评估

你已经让学生预习、给他们做预评估，也为一些学习者压缩课程，形成教学小组并提供加餐和加速学习的机会。哈！做得很好。现在是你思考如何评估学生对内容的理解和掌握的时候了。如果你教不同的学习小组，那么给学生做同样的总结性评估（对学习的评估）、布置同样的任务或现成作业，这些都是不妥的。评估必须与每个小组或个别情况下某个学生所学内容一致。如果让学生通过完成某次作业来证明理解力，那么确保你提供了不同选择。应该根据每个学生是否掌握为他或她设置的内容打分。如果只是根据是否掌握所在年级的课程打分，那么学生可能甚至连教学还没开始就在预评估后得到A。在这个情境中，一个孩子没有付出努力却得到A。这种情况会导致固定型思维的发展。学生开始觉得他们必须总是表现得聪明，付出努力则表明自己不如人，而且他们会觉得大家希望自己不用尝试就能学会。毕竟，大家一直夸他们“聪明”。而且如果你是聪明的，一切都来得很容易，对吧？错。应该恰当地挑战学生。确保你针对每个小组的形成性评估和总结性评估都有所不同。

> **总结性评估**
>
> 即一般在学完一个单元的内容之后对所学单元内容的评估。

教师的思维方式很重要

米尔、佩雷斯和巴特勒开展的一项研究审视教师的思维方式和他们各自对学生使用的教学实践之间的关系，进而看看学生的成功范围。

研究人员假设持有固定型思维的教师教能力比较低的学生，这时教师可能更愿意用可“掌控”或由教师引领的教学实践。研究的结论是教师如果“成长型思维较弱”，可能就会认为低能力的学生不能自己获得成功，因此他们需要更加能掌控的教学实践。来自研究的隐含义表明，“鼓励教师采用成长型思维可以帮助他们发展教学实践，这对所有学生来说都是建设性的”。

关于差异化、响应式教学的最后一点想法

上述过程，就是我提倡的差异化、因材施教、响应式教学，即成长型思维教学。当孩子走进教室、开启学习的旅程时，应该尊重孩子并对他们的需求有所回应。多数教师经常是在教学尾声才开始因材施教，在某个单元或者学习的末尾才发现某个学生有

更多的需求。“更多需求”往往被解读为学习更多同样的材料、参加更多的考试或“活动”，而不是更多响应式的教学。从一开始就多给学生接受挑战的机会，对他们的需求以及他们可能实现的潜力有所回应。

成长型思维教学的计划模板

在图3.4中，你可以清楚地看到将因材施教/响应式教学过程视觉化的模板，而图3.5则是一张供你开启这个过程时使用的检查表。

图3.4的模板是反思、思考以及构建思维教学的方式，它没有包括具体的教学策略。但是在小组之间应当注意教学过程和策略的差异。过程的差异是指如何展示学习材料及学生如何处理材料。而且要注意上述因材施教的模型侧重于学生准备就绪而不是他们的兴趣；学生的兴趣应该在设计教学步骤时加以考虑。许多教师发现这个模板有助于规划因材施教。一旦教育者谙熟这个过程，可能就不需要这个规划框架了。有些教师使用这个模型在每一栏的后面记录每个小组学生的名字，或者复制这个模板的电子版记录学生的数据；用它可以追踪学生从哪里开始学，对于某个具体单元、话题或者概念都学到什么程度。

通过实践、努力、动机，以及——没错——成长型思维，因材施教、响应式教学可以成为教学的中心。对所有学习者的回应是我们身为教学者的责任。

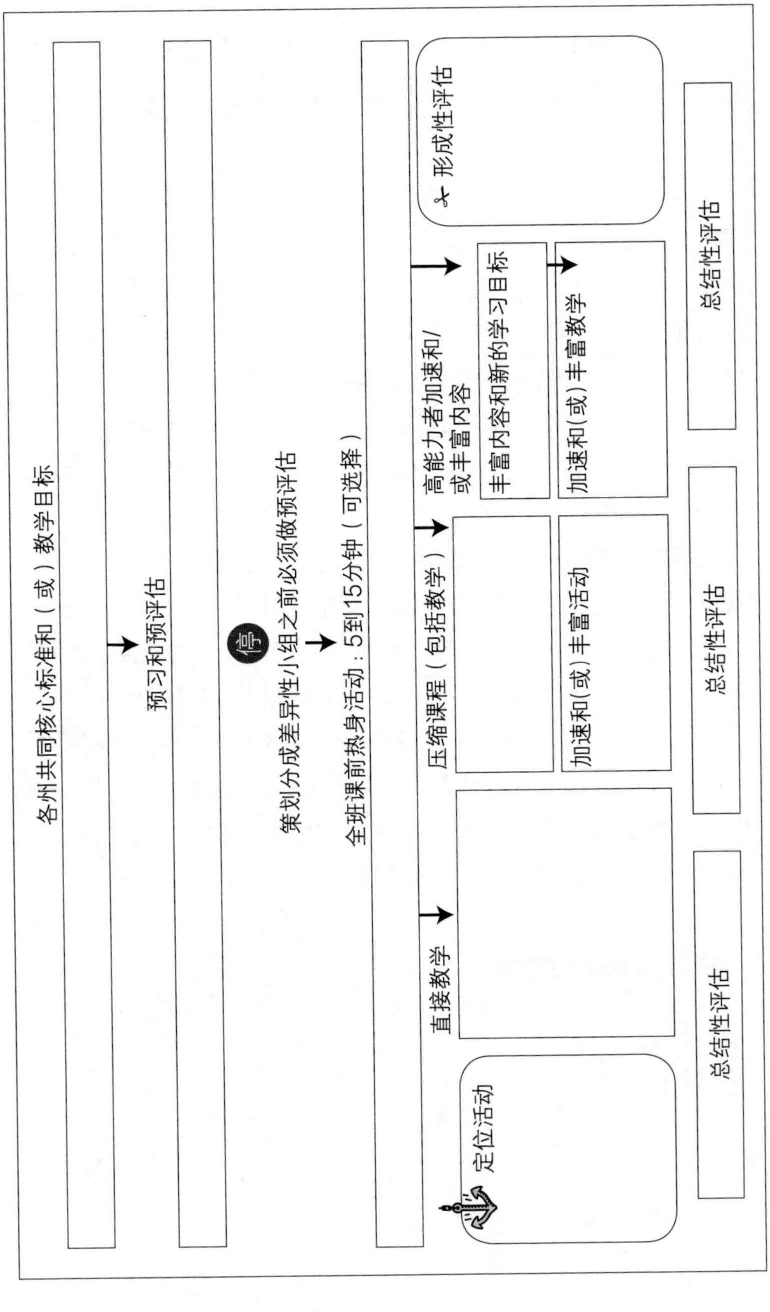
各州共同核心标准和（或）教学目标
预习和预评估
策划分成差异性小组之前必须做预评估
全班课前热身活动：5到15分钟（可选择）
定位活动
直接教学
压缩课程（包括教学）
加速和(或)丰富活动
高能力者加速和/或丰富内容
丰富内容和新的学习目标
加速和(或)丰富教学
形成性评估
总结性评估
总结性评估
总结性评估
总结性评估

图3.4　差异化教学模板

教师准备差异化、响应式教学时的检查清单

- 确定需要评估的技能、内容、概念或者步骤，而且开发或使用学校/学区预评估。
- 开发与单元相关的固定活动。
- 用2—5分钟的时间做预习来激活预评估前的背景知识。
- 学生参加预评估。
- 分析预评估：确定哪些领域学生已经掌握、可能存在哪些差距，以及每个学生有所需求的领域。
- 确认从压缩课程受益的学生，制订学生需要的领域的教学计划。
- 确认完全理解并准备好下一步学习的学生。为这个学生准备加餐及加速学习。
- 形成教学小组——示范固定活动要求，当天小组轮流分享。教师每天教每一个小组。小组之间预留几分钟来回答学生的问题，确保每个人都在学习的轨道上，表扬付出努力的学生。
- 每天都调整形成性评估。利用信息教导学生的同时也使教师得到反馈。如果大多数学生存在不理解的现象，以一种新方式重教。基于形成性评估的结果调换小组间的学生。
- 根据每个小组的教学情况，总结性评估、布置任务以及现成作业（还有家庭作业）都必须因人而异。

图3.5　差异化教学检查表

第四章

批判性思维对成长型思维班级文化的重要性

> “我不介意没做好一份作业，只要我能弄明白自己哪里做错了。”
>
> ——六年级学生

批判性思维和成长型思维的关系是什么？让我们先用点时间确定批判性思维的定义。丹尼尔·威林厄姆是弗吉尼亚大学认知心理学教授，他在我们学校就批判性思维的发展做了可靠的研究。威林厄姆分享：从一个认知科学家的视角看，批判性思维这把大伞下面有三种类型的思考，即推理、判断/做决定及解决问题。每一天我们都推理、做决定以及解决问题，但这些不一定都需要批判性思维。譬如，你早上醒来的时候必须做的第一个决定是穿什么衣服。这个决定需要批判性思维吗？在大多数情况下，不需要；然而，有没有哪一次决定穿什么衣服的时候需要批判性思维？假如你计划在岩层徒步旅行一天，那里的温差变化很大，或者你有个重要的工作面试，在这些情形下，决定穿什么衣服需要一些批判性思维。可以给学生机会推理、做决定或解决问题，但作为教育者的我们必须问自己，这些机会是否需要深度的批判性思维。

考虑批判性思维的另一个重要因素是，它不仅仅是一个简单的技能。根据威林厄姆的说法，批判性思维是一个必须融入内容的过程，它并非一旦掌握就可以从清单上删除的东西。为什么呢？其中一个原因是，随着学生智力的成长，关注的内容以及批判性思维会变得更加复杂——批判性思维总在不断进化。应用于知识内容的训练对于发展学习者的批判性思维能力——需要的时候就能应用——是基础。与练习密切联系的是毅力和努力，这是成长型思维最重要的两个特征！

学校更需要批判性思维

在某个职业学习工作坊，一位老师认为批判性思维是一项技能。她在论证的过程中解释：厨艺是一项技能，如果它变得复杂就不能掌握，这一点如同批判性思维。我知道她为何如此论证——她的假设是厨艺本身是一项技能。不是这样的——厨艺需要许多技能。在她的类比中，厨艺就像批判性思维一样会变得更加复杂而不易掌握，这一点是正确的，而且她给了我一个机会来拓展她的类比。厨艺是一个过程而不是一项技能，这个过程需要某些技能：测量技能、刀技、遵循指令、阅读技能等等。批判性思维也是一个需要技能的过程，所需的技能随着情境的不同而不同。譬如，如果要求一个学生分析数据，他可能需要使用分类技能。可以在早期教学生分类的技能，练习并应用于不同的情境。我们从一开始就要认同批判性思维是一种可以应用于各种情境的过程，而不是一项技能。

通常，如果学生在学校的传统领域——阅读、写作和数学方面——表现不佳，那么对他们的期待值便会很低。透过学业成绩的透视镜看待学生（或在某些案例中是透过智力的透视镜），那些被认为处于低层次的学生接触批判性思考的机会较少。通常认为他们只要掌握基本的阅读和数学就够了。来自不同文化、语言和（或）族裔背景的学生或接受特殊教育的学生，没错，甚至有时是那些展现挑战性行为的学生，对他们的教学要求往往不够严格。很大程度上这些学生本可以受益于不间断的批判性思维体验，然而由于大人或学生自己的固定型思维，这些学生得到批判性思考的机会反而最少。给学生很多机会，让他们体验批判性思维来发展自己的认知能力，这会影响孩子对自己的看法并有助于成长型思维的形成。

批判性思维下的成长型思维课题

我急于测验我的理论，即在高度贫困和学习成绩差的学校如何通过批判性思维的体验改变认知能力，并发展项目来测验认知能力。因此，“批判性思维下的成长型思维课题”就诞生了。这个课题包括六所法案条款一[①]中（高度贫困）的学校总共53个二年级和三年级的班级。这些条款一中学校的所有二年级和三年级的教师，以及一些ELL（英语非母语）的教师都参加了构建课堂成长型思维的职业发展讨论会。职业发展讨论会也包括批判性思维的讨论。职业学习会议突出强调了已经在课程中融入批判性思维的地方。数学教学的共同核心州际标准融入了批判性思维，这一点也得到了强调。八个数学练习的其中几个补充了整个课题的目标，练习1和练习2最受重视。

- 练习1：弄清问题并坚持解答问题。
- 练习2：抽象推理和量化推理。
- 练习3：建构可行的论证并批评他人的推理。
- 练习4：有策略地使用恰当的工具。

开展这个课题的第一年期间，职业学习工作坊侧重于教师建构学生推理能力的方式，因此教师学习了在各种内容领域发展推理的教学策略。这些策略包括侧重演绎的、类比的、量化的推理，以及获得概念和概念形成的策略。（注意给教师提供的一些策略，这些策略有的已经融入课堂。）

① 法案条款一（Title I）是美国《不让一个孩子掉队法》核心部分第一编。该法案主张自由、灵活、开放的教育体系，在培养和发展学生创造力的同时加强其基础知识教学，提高全美中小学教育质量，缩小不同背景、种族儿童的学业差距。——译者注

非口头推理游戏

这些课堂的一个共同目标是尽可能利用各种材料通过不同方式涵盖推理的机会。在此基础上，我们决定在课堂中增添一些吸引人的非口头推理游戏。但首先有一点很重要：让教师通过这些游戏与学生互动，这样他们能够真正理解学生在游戏层次进阶的过程中面临的挑战。审视了许多游戏之后，我们决定为53个课堂中的每个课堂各选出五个游戏。思考乐是一家专门研发建构推理技能游戏的公司。入选的这些游戏——俄罗斯方块、固化巧克力、砌砖头、高峰期、数学小骰子——是以非口头语言的模式训练量化和演绎推理。随着孩子不断通关，游戏逐渐提升挑战的水平。现在的课题有三个重要的组成部分：

1. 教师和学生建构成长型思维文化，包括发展对大脑功能基本概念的理解。

2. 教师使用教学策略培养和发展批判性思维过程，尤其是推理。

3. 接触数学定位活动或热身活动可能会使用的非口头推理游戏；在课间休息、上学前或者放学后也可以开展这些活动。

让所有教师用电子追踪表记录任何关注构建成长型思维文

化、教学生大脑知识，以及批判性思维的教学。学生负责记录自己玩的游戏，使用个人游戏跟踪仪追踪他们达到的级别。

在课题中增加这些特地挑选的推理游戏产生了一个始料未及的结果。增加的游戏不仅构建了这些学生的推理能力；推理和解决问题的游戏促成了教师思维方式的转变，而且在一些案例中，学生的思维也发生了转变。许多教师汇报要是没有这些游戏，他们可能看不到学生的潜力。一些不怎么讲英语的学生因为这些游戏变得活跃起来。同一年级一些成绩排名比较靠后的学生通过这些游戏在推理方面表现出很大的优势。教师开始反思自己的思维方式，看到学生的不同之处，也提升了对许多学生的期待值。这些游戏意外地成为建构教师和学生成长型思维的工具。如一位教三年级英语非母语（ELL）的学生的教师霍丽汇报：

> 我先把游戏教给那些学习困难的英语非母语学生，给他们很多时间熟悉游戏，找到解决问题的策略。一旦他们适应并谈论策略的时候，我就让他们去课堂“教”班里的其他学生玩这个游戏。这对他们的语言和自信心的发展是一个强有力的工具。这些游戏有助于发展成长型思维班级文化。

这些游戏和成长型思维的课程一起增加了学生的动力。这个课题进展四周后，我到一个班级展示学生每次学习新内容时，神经细胞如何关联。课后，老师随即教学生数学，并让学生结伴做游戏，这些游戏专门训练定量推理，老师则跟讲台旁的一个小组一起做游戏。我决定在班里转转，在学生做推理游戏的时候问他们一些问题。在他们同意的情况下，我用手机录下他们的对话。这里举的例子是两个ELL男孩在玩思考乐的俄罗斯方块游戏时与老师的对话：

瑞希夫人：你们玩这个游戏时，大脑都想些什么呢？

学生：我们在做关联。

瑞希夫人：什么样的关联？

学生：就如那些……的关联……那些叫什么名字？数字？

瑞希夫人：神经细胞吗？

学生：是的，那些神经细胞在我的脑袋里连在一起。

瑞希夫人：你们想过放弃吗？

学生：没有，从没想过。

瑞希夫人：为什么呀？

学生：因为简单。

瑞希夫人：一直都简单吗？

学生：不是，不是一直都简单。

瑞希夫人：那为什么现在就简单了？

学生：我们已经做了大概五天的游戏了，因为我们练习了，所以越来越简单。

瑞希夫人：噢，所以你们练习过了，你们练得越多结果会怎么样？

学生：我们大脑里会有更多的关联，然后就变得简单了！

从这个简单的谈话可以看出，这些学生在学习时能够发现神经细胞的关联。尽管孩子说的是“数字”而不是“神经细胞”这个词，他们说“在我的脑袋里连在一起”而不是“在我的大脑里做了关联”，但他们还是对正在发生的事情有牢固的概念性理解，而这个理解增添了他们的毅力和动力来通过游戏更难的关卡。这可以迁移到孩子学习困难的情境。譬如，一位教师可能说：

你还记得第一次玩俄罗斯方块游戏时感觉挺难的吗？后来你练习了，而且坚持练习，在你的大脑里做了强烈的关联。这个游戏现在对你来说还很难吗？现在让我们以同样的方式看这道数学题。一开始你可能觉得这道题很有挑战性，但坚持训练之后，你在大脑里做了更多的关联，这个题目很快就变容易了！

回到学生做推理游戏的过程，这些游戏有助于学生面对有挑战的任务时保持动力。在一些案例中，学生要求“更难的材料”

来帮助他们的大脑成长。

以下是另外一个例子，即两位二年级的ELL学生玩高峰期游戏时与教师的对话。学生先跟我解释他们如何玩这个游戏。接着我继续和其中一位学生聊：

瑞希夫人：你曾想过放弃没有？

学生：没有！

瑞希夫人：为什么呢？

学生：我可能会放弃像捉迷藏这样的游戏，但不会放弃这个游戏。

瑞希夫人：你为何不会放弃这个游戏？

学生：我不会放弃的！

瑞希夫人：告诉我原因好吗？

学生：呃，首先我认为这个游戏的难度水平高于我所在的年级，但我认为自己真的能做到！

瑞希夫人：是什么让你觉得自己能行？

学生：因为当我尝试的时候，我知道通过做关联，自己就变得聪明，而新的关联能够帮我完成这个游戏！

这个对话是反映学生毅力的一个很好的例子。他所说的“高于我所在的年级”表明他认为自己正在解决一个非常有挑战的任务。这是学生迎接挑战特别好的例子！他下决心成功。他提到捉迷藏的游戏，这挺有意思。或许他认为捉迷藏不需要策略，也没有挑战，因此他放弃了，因为这个游戏不能锻炼他的大脑。在所有八个非正式的采访中，没有一个学生说他或她会放弃。正如其中一个ELL的学生所说："你尝试得越多，你会变得越聪明。"许多教师汇报，他们觉得和成长型思维讨论相结合的游戏增强了毅力。我猜如果没有成长型思维的教学和讨论，只是将这些游戏放在课堂上，那么对话可能就不一样了。我的预感是许多学生在游戏伊始就放弃了。

批判性思维兼成长型思维课题成果

仅仅七个月，批判性思维下的成长型思维这一课题研究展示了始料未及的结果。教师不仅汇报了动机和毅力的增长，而且数据显示这些学校的学生在推理方面有了长进。部分学区筛选有天赋和才能的学生使用的是认知能力测试。条款一中学校的分数一直都低于目标分数。为了让学生有加速或加餐的机会，而且也被认为是"有天赋"的，这个系统使用多重标准。一个标准是目标分数的80%建立在类比和量化推理小测试上。在他们二年级的春季学期，学区内的学生参加天赋服务与认同过程。课题开展前，除了认知能力测试，六所学校的平均分在表4.1中有显示。

你可以看到这些分数多么低。这项课题开展七个月后，分数戏剧性地得到了提高（见表4.2）。

所有六所学校在类比推理方面增加了8个百分点，在量化推

表4.1 批判性思维下的成长型思维课题开展前学生的平均分

	类比推理百分比平均分	量化推理百分比平均分	目标百分比
2011	51	43	80
2010	50	43	80

表4.2 批判性思维下的成长型思维课题开展七个月后学生的平均分

	类比推理百分比平均分	量化推理百分比平均分	目标百分比
2012	59(+8)	50(+7)	80
2011	51	43	80
2010	50	43	80

理方面增加了7个百分点。

一所学校在量化推理小测试上提高了21%，另外一所学校在类比推理方面提高了14%。尽管接近基准还有很长的路要走，但我们意识到自己正靠近什么。这个"什么"就是成长型思维与批判性思维的训练机会。看看该课题开展的第一年结束之后一些教师做出的评价：

- “学生的视角完全转变了。每当有一个艰难的任务，学生会谈及决心、动机和毅力。”
- “我发现他们对如何变聪明的信念改变了，他们会彼此鼓励，说：‘你可以做到！’以及‘你如果更加努力尝试能够变得更聪明！’”
- “我的学生不断说，每当自己遇到困境时就会产生成长型思维。这很好！”
- “我注意到学生在批判性思维方面有了很大的进步，学生会努力尝试自己的核心信念，一直到成功。我较少听到‘我做不到’，听到更多的是‘我得继续尝试’。”
- “在我的课堂上思考和努力学习成了一种‘思维方式’。我们一起学习，从我们的错误中吸取教训，挑战我们的大脑让它长进。学生变得能够真正相信自己了。”

批判性思维和成长型思维文化密切相关。只有当我们不间断地给学生提供这样的机会时，我们才能够期待他们勇于迎接挑战。

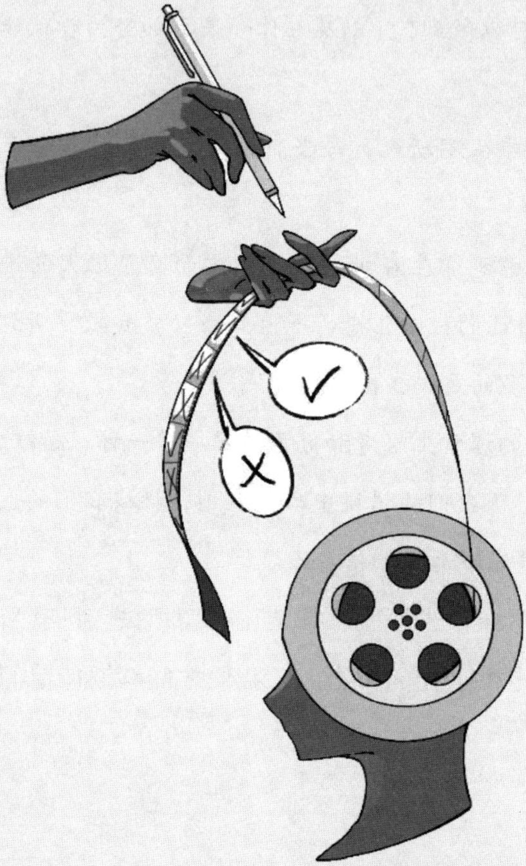

插画者：罗俊翕　北京第一实验学校

第五章

学生如何从失败中学习

"失败对于成功而言是必要的。我们越想避开失败，我们就越难成功。我们应该拥抱失败，而不是逃避。"

——加勒特，十二年级学生

或许这一章更好的标题应该是"为何需要有意培养学生的毅力和自我恢复力？"。学会把错误和失败转换成学习经验的时候，这些非认知技能的发展起了重要的作用。

在过去的这些年中，我确定这些非认知技能里最重要的是自我修复力。我们知道一些学生可能在校外展现自我修复力——或许是他们回家面对很大的压力，或者住在一个需要自我修复行为的社区。许多学生在他们的人生中也经历过创伤。来自国家孩童创伤压力联网（NCTSN）的资源《自我恢复力和孩童创伤压力》

给成人提供了一个关于孩童创伤的背景。

这个资料最有帮助的部分之一是一份清单，上面列出能够引导受过创伤的孩子自我恢复的因素。

- 来自家长、朋友、家人、学校以及社区的支持。
- 有助于减少给日常生活带来消极结果的资源。
- 在家里、学校和社区感到安全。
- 有高度的自尊心——从整体上对自我价值感到积极。
- 拥有自我效能感——孩子相信自己能够在人生的不同领域成功（成长型思维！）。
- 感到自己人生的意义，可能包括精神或文化的信念，与他人、目标或梦想的关联。
- 拥有各种可以在不同情境中使用的可调适的、灵活的处理技能。

要记得有一些学生由于生活境况阻碍了自我修复力的发展。家附近发生的暴力事件、疾病、种族歧视、贫穷，仅仅提到这些就会降低个体成为自我恢复的个体的可能性。

这种在校外展示的自我修复力可能不容易转换成学校需要的自我修复力。学业方面的自我修复力是我们努力培养的——从学习过程中遇到的挫折振作起来的能力。“撞墙”的学生的典型反应或行为是沮丧，还是不理解？他们很可能放弃。学生可能会说诸如“太难了”“我不能理解这个”或者“我好笨”这样的话语。学生需要学习挣扎是学习过程中很重要的一部分。拥抱挣扎。

如果学生没接受什么挑战，学业方面的自我恢复力就无法发展起来。如果从未有“挣扎”或失败，就没机会从任何事情振作起来。

作为家长，看到自己的某个孩子失败总是很煎熬，尤其当孩子付出许多努力完成任务的时候。想想这个专心致志努力准备某场考试、写论文或练习一项技能的孩子，然后得到的奖励是失败。奖励？没错，失败可以是一种奖励，因为通过失败我们可以学到最多。迪士尼电影《遇见罗宾逊一家》里头有个很棒的场景，路易斯有个发明，即把花生酱和果冻混在一起，结果失败了。当他双手捂脸道歉的时候，大人们开心地喊：“你失败啦！你可以从失败中学习。如果一下子成功，能学到的没这么多。”

这让我想起一项研究：《从你的失误中学习：如果我们在田野中先迈左脚会有关系吗？》。不，不是拼写错误，我喜欢这篇文章的标题，它描述了这项研究的结果，因为它差不多把全部的意思都说了出来。研究人员发现，比起一点错误都没有的情况，几乎正确的失误可以帮助学习者更好地获得信息。为什么呢？因为几乎正确的答案变成一个线索，以便今后记住这项信息。

对失败的回应

我们对失败和错误的回应取决于我们的思维方式。一方面，如果我们真正相信智力是可以锻炼的，就会意识到当我们犯错——当我们失败——我们需要用不同的方式来完成任务以及/

或者付出更多的努力来完成。另一方面，那些认为智力是一成不变的人一般不会尝试从他们的错误中学习。密歇根州立大学的杰森·S. 莫赛（他和汉斯·S. 施罗德、卡丽·希特、提姆·P. 莫兰以及李于浩合作开展研究）想深刻了解人们对失败的反应。这些研究人员给参与者一项故意设计成让他们出错的任务。研究对象需要说出五个字母序列中间的一个字母。有时中间的那个字母和其他字母一样，如MMMMM；其他时候中间的字母不同于旁边的字母，如MMNMM。即使任务听起来简单，一旦重复几次，大脑就会变得迟钝，这时人们开始犯错。

参加研究的对象在脑袋上戴了一个装置记录大脑的活动。每当产生一个错误，大脑在四分之一秒内快速产生两个信号。根据莫赛和他的同事所说，首先，最初的反应是如果遇到什么不对，就会产生一个"噢，糟了"的回应。当人意识到错误，接着试图纠正错误，下一个信号产生。研究发现，第二个信号更强烈（让人意识到错误然后试着纠正的信号）的那些参与者试图从他们的错误中学习。这些参与者能够更好地重新思考："好的，那样不对；现在让我看看需要做什么来纠正错误。"这群人利用机会从他们的错误中学习。

当学生下意识地利用机会从他们所犯的错误中学习时，他们能够通过新的方式解决没有成功完成的任务或者花更多的工夫来完成任务。那些认为自己天生就会失败的学生，失败后常常不会有更努力的尝试；犹如我们常常听到的："我不擅长科学。""我学不会另一门语言了。”“我即使再做也无济于事，还是将得到同样的结果。”

安琪尔·佩雷兹是加州匹兹学院的招生办主任，他面试了很多申请进入他研究所的学生；他总是问候选学生同样的问题："你对大学最期待的是什么？”有一次，他听到的一个回答让他吃了一惊："我期待可能发生的失败。”这位候选学生接着说："您看，我父母从未让我失败过；他们告诉我，选一门更严格的课程或者尝试一项我可能不会成功的活动，这都将毁了我被大学录取、升学的机会。”

学会拥抱失败并不容易；然而，再重申一遍，如果学生对他们的大脑有更多的了解，知道它如何运作，失败则是一颗容易吞咽的药丸。那些把大脑具有弹性这一理念内化的学生，学习的时候大脑的功能会发生变化，能够更有建设性地面对挫折。他们有时具备更强劲的动力来掌握知识，而且会坚持下去直至成功。

重视给学生提供挑战机会的教育者发现，学生对挑战的反应有不同方式。有些学生是“来吧！”然后积极地迎接挑战。这些学生意识到他们可能不会成功，可能一个或两个任务都失败了，但他们想冒这个险来拓展自己。有些学生感到来自挑战的威胁，担心他们成功不了，而且经常没付出多少努力就放弃了。

教师有必要在课堂上营造这样的氛围：失败是常态，也是学习过程非常重要的一部分，而且学生学会反思并重新思考，这样他们就能以新的方式迎接挑战或者付出更多的努力迎接挑战。教师可以自己在课堂上做示范。

动力

讨论失败不考虑动力也不行。社会科学家伯纳特·维那提出的赫赫有名的归因理论关注动力和成就，他认为影响成就最重要的因素是能力、努力、任务的难度以及运气。这些因素听起来都熟悉吗？维那对努力的研究是成长型思维理论的雏形。根据归因理论，成功人士常常将他们的成功归因于努力——某个内在的因素，那些失败的人则倾向于将成功的缺失或失败归因于任务的难度或者运气不好。

我们的目标是鼓励学生内化这样的信念：正是他们自己的行动和行为而不是外在因素导致了他们的成功或失败。

归因理论

即认为成功人士常常将他们的成功归因于努力（某个内在因素），而那些失败的人倾向于将成功的缺失或失败归因于任务的难度或者运气不好（外在因素）。

在丹尼尔·平克《驱动力：让我们产生动力的惊人真相》一书中，他展示了一个关于内在奖赏而不是外在奖赏的好案例。内在奖赏指个人满意度——在没有外在诱因的情况下，完成某项任务时一个人感受到的个人满足感。外在奖赏来自外界，通常是教师或家长承诺孩子，如果孩子成功的话，给一个“奖品”、贴纸甚至金钱。成绩跟其他的激励绑在一起也成了外在动力。平克阐述这些因素如何影响一个学生的表现，他写道：

> 在特别强调外在奖赏的环境下，许多人工作只是为了拿奖而已——不再向前。因此，如果学生因为读了三本书就得到奖品，许多学生就不会再读第四本，更不用说开始人生的阅读旅程。

平克继续阐释通过承诺奖赏而激励大家的做法有很多缺点。承诺学生“奖品”以达到一个预定目标，这么做会产生很多问题，譬如浇灭了学生的创造力，形成他们的短视思维。与此相反，“奖赏”可以是表扬学生付出的努力及毅力，还有当他们掌握新事物时产生的积极内在情感。完成一项具有挑战性的任务确实令人发自内心地高兴。

内在奖赏

即完成某事时一个人感觉到的个人满意度。

外在奖赏

即由另外的个体或资源提供给一个人的外在诱因，比如金钱、证书或奖品。

分数

我正打算说这一点——分数和成长型思维不是天生一对。为何？因为分数强调结果而不是过程。过程和结果（分数）没必要关联——一些学生没付出什么努力就得到A，而一些学生努力学习却得到B和C。（注意标准化测试对成长型思维更友好——要么孩子掌握了标准，要么尚未掌握。）

想想我们可以通过什么方式用打分的做法构建从失败中学习的理念。这里有个简单的想法：不要在错误的答案旁边打×（没错，在一些课堂还这么做），而是仅仅把错误的地方圈起来，意思是"再看一下这里"或"你还没完全答对呢"。接着给学生反思、重做的机会，或者弄清楚问题所在，或者重新教这部分内容。如果我们真的相信从错误中学习的重要性，我们应该允许学生重做任务及重新参加考试。

成长型思维型教育者会和学生一起努力，引导或帮助学生通过新的方式接触学习。我们也需要提供练习和反馈的时间和空间。根据教育作家里克·沃默里所说：

> 许多老师认为他们正在构建道德品质，并且为了让学生准备好步入职场，所以不给他们重做任务或测评的机会——或者如果确实允许学生重做，即使学生重做时展现完全掌握内容，对于学生重做的任务也只给部分的

> 分数。同样的，这些老师也给学生设定提交作业的最后期限，没按时交作业的学生给他们零分，认为这个可怕的分数能让学生学会负责任。

在现实中，这些做法产生了反作用：它们阻碍学生获得成就、变得成熟。随着希望消退，怨恨滋生。没有了希望——尤其是老师等着学生蜕去不成熟的外壳，想在学生的骨子里看到有道德、有能力以及负责任的自我——这样的希望，学生就会挣脱学校的使命以及关心他们的成人。我们的教育产业迷失了方向。

允许学生重做使得学生从他们的错误中学习，最重要的是学习并掌握老师教的材料。

另外一个可以使用的策略被称为“我最爱的错误”。当你给某个作业、测试或单元测试打分的时候，记下一些错误，你觉得学生可能从这些错误中获得机会更好地理解或内化某个概念。发放判过的卷子前后，都可以让学生知道你有一些最爱的错误想跟班里分享。

然后你可以利用这个机会跟全班同学或小组捋一遍这些错误。一位七年级和八年级数学老师丽雅·阿尔卡拉正在施行这个策略“突出错误——一个打分策略”。在丽雅的班里，她没在试卷上打分；学生如果想知道分数，可以在打分门户那里算分。丽雅不是圈出学生答错的地方，而是用高光突出错误之处——她关注的是过程、学习、复习而不是分数。这有助于学生把错误和失败当成学习工具。看视频的时候仔细听学生如何处理错误以及丽雅如何回应。

改变学生对失败的反应

当学生失败或犯很多错误时，他们可能会将此看作自身差劲或能力不足的迹象，而事实上这样会导致更多的失败。他们可能开始躲避任何看起来很有挑战的事物，这样他们就不用面对失败。他们可能就会“回避风险”。然而，如果学生将失败或错误当作收到的反馈或反思某些领域需要多加注意的方式，他们会有内在的信念，即通过努力、毅力和帮助（理想的话，他们自己想办法）最终能够学会。

每次教师帮助学生纠正一个错误，都应该抓住这个机会帮助学生将错误理解成未来对他们有帮助的“数据”，而不是把错误当成自己能力差的表现。譬如，如果一位学生解答数学题时在词汇方面遇到困难，教师应该问学生用了什么策略，并做头脑风暴看看有没有其他策略可用。有人争论说来自中产或上层家庭的孩子没有什么机会失败，因为无微不至且过度保护的家长在孩子跌倒前就抓住了他们。如果是这种情形，家长得小心行事。因为如果他们选择不干涉来阻止失败，那么孩子可能觉得自己没得到支持或重视。

保罗·塔格在他的书《儿童是如何成功的：刚毅、好奇心以及人格的潜在力量》里，声称刚毅和毅力是学生成功的最大标志。他分享说我们应该在我们的孩子中间，在他们面对失败的时候发展一种从挫败中恢复的感觉。塔格意识到失败是一堂重要的人生课。不过，面对失败时，有必要建构机会，让学生反思、做出调整或改变，如此他们可以从中吸取教训。

《创新自信力：斯坦福大学最受欢迎的创意课》的作者汤姆·凯利和戴维·凯利建议我们拥抱失败。我们必须拥抱失败。如果我们不反思自己的失败，真正弄清哪里做错，那么我们将无法得知下次如何提升效果。如同他们所分享的："承认错误对于前进也很重要。这么做，你不仅仅避开心理上的掩盖、理性化以及愧疚的陷阱；你也可能发现通过你的诚实、坦率和谦逊提升了你的品质。"

教师帮助学生反思失败的一种方式是向他们介绍对失败更积极的看法，或者分享他人对失败的态度。譬如，认知心理学家杰罗姆·布鲁纳一语中的地定义失败："不要把成功和失败当成奖赏或惩罚来体验，而是当成信息来经历。"或举一位当代人物为例，迈克尔·乔丹在1997年耐克广告中总结失败："在我的事业中，我错过了9000多个投篮。我输了约300场比赛。有26次大家信任我，让我投决定比赛胜负的一球，我却没投中。在我的人生中，我一再地失败。而这就是我成功的原因。"

坚毅跟失败有什么关系

在一次NPR的采访中，研究人员安杰拉·达克沃思（勇气女王）把坚毅定义为“激情和毅力的结合，进而实现长期目标”。

我记得跟一位在大校区担任中学英语督导的老师聊天。校区刚采用机考的形式测试阅读。学生一年参加两到三次这样的测评，目的在于衡量学生在阅读方面的进展。她所在校区的中学老师汇报说随着阅读文章篇幅变长，学生读的时候不太投入、走马观花，或者回答问题之前根本就没读文章。他们不愿花时间读整篇文章——为什么呢？可能是因为他们还没发展跟阅读长篇文章相关的耐力或坚毅。也可能是一些学生对这项任务就是不感兴趣。兴趣和坚毅密切相关。根据达克沃思的想法，“如果不从内心觉得这件事情有趣，不会有人顽强地坚持做的”。在具体的话题或活动中发展兴趣需要接触和时间——很少有人第一次接触某事物就会产生兴趣。兴趣可以促成热情的成长。在这样的“热情”区，我们才可能看到人们不仅时常展示坚毅，而且坚持的时间更长久。

理念的发展：坚毅

自从这本书先前的版本面世之后，在提高所有学生的坚毅方面我稍微退了退。主要是我的观察（没什么科学依据，就是通过我对学生的观察以及和老师们的讨论）发现，当学生已经将毅力和自我修复力的理念内在化之后，再来介绍坚毅的概念最好——在学生13岁左右。这个时候，对于什么是坚毅、什么不是坚毅，学生可以形成概念。那么，我们如何构建坚毅的理念？

一组八年级的学生正在学习成长型思维方式，具体关注大脑、毅力以及自我恢复力。他们的老师邀请我进来讨论坚毅的理念。我拿来三种砂纸的样本，这三种砂纸带有不同程度的磨砂：细的、中等的以及粗糙的。我让学生仔细研究这些样本并注意它们的不同之处。我们聊了一会儿砂纸主要用来做什么的，接着我问他们为何认为砂纸有不同程度的磨砂。然后我问他们是否看到不同砂纸的相似之处以及如何面对一个有难度的任务。回应包含以下内容：

- 更顺滑的砂纸就像你不用很努力尝试——只是“浅浅”地尝试。
- 中等程度的砂纸如同你得坚持到完成某事。
- 粗糙的砂纸就是你得经历很多考验，需要付出很多努力才能理解或做成某事。

我跟进这个问题，让他们和搭档讨论：“有没有某个时刻你可能这三种砂纸都使用？”听了一些热烈的讨论之后，一些小组分享了类似以下的情境：

> 有时有些东西很有挑战性，所以你需要很长的时间才能理解，而且当你觉得自己已经理解时，另外一个障碍冒了出来——这就像粗糙的砂纸。首先你需要通过艰难的部分，而这需要很长的时间。一旦你通过了这一部分，接下来就得多加注意细节——这时就像中等程度的

砂纸。最后你抵达一个你需要训练的节点，如此你才能真正记住和理解——这就像细砂纸，注意每个小细节。

我解释说粗糙的砂纸是最具“坚毅”的那种类型，并让学生推测他们认为坚毅意味着什么。

在下一次的拜访中，我给每个学生一小沓贴纸，让他们各自在每张贴纸上写一个关于建议的想法。有些学生只写了一张贴纸；其他学生至少用了五张贴纸。等他们完成这项任务，我请他们到白板跟前（墙壁、窗户、地板，任何开放的空间都可以），把自己的贴纸放在跟他们想法相似的贴纸旁边。（这个默默地做，过程不要有讨论。）活动结束时，同学们归总关于坚毅的相似想法。一些不一样的想法单独分出来。同学们接着一起给每个小组的分类取名字。比如，“运动型勇气”包括诸如跑马拉松、日常举重以及每天四小时的训练等回应。另一个类别，“学校型勇气”包括诸如为某个考试学习了几周、奋力通过某个挑战，以及持有成长型思维（我尤其喜欢这个回应！）。其他类别我就不一一和你分享，万一你急切想对你的学生提建议——避开这个过程，让你的学生决定类别。在一些案例中，对于把一些回应挪到另外的类别，他们甚至有生动的讨论。注意你的学生如何回应任务也很有趣——有些学生将提供诸如上面提及的例子，另外一些学生可能只是写一些诸如艰难的、强大的、强硬的、坚持某样东西、决心这样的词语。

其他有助于构建坚毅这个概念的讨论可以关注以下内容：

- 分享你展示坚毅的一些例子。
- 想想那些在他们的人生中展示坚毅的人。
- 除了人，还有别的事物展示坚毅吗？（动物？机器？）
- 想想你本该坚毅的时刻，但你没表现出来。
- 让学生思考“坚毅”这个词，以及这个词如何跟其他词关联，比如韧性、坚持、毅力以及坚持不懈。一个很好的讨论开头可能是：“坚毅还是毅力，哪个更强大？”
- 一些关于坚毅的非例是什么？

坚毅很重要，但兴趣第一。安杰拉·达克沃思回应“可以放弃吗？”这个问题。对于这个问题，答案当然是可以！——但不要在某个艰难的日子放弃。这句话多么有力量。想想某个时刻你的这一天特别有挑战：一个烦人的家长没打招呼就过来，你的上司质问你做的一个决定，或者放学后你到了网球场，球却打得很不好。你的大脑里有时会迸出什么想法？诸如“我明年就换学校”或者“我从没喜欢过网球，也许我应该尝试匹克球”。在你的事业生涯中换学校或者尝试另外一种运动也未必是坏事——但不要在某个过得不好的日子做这样的决定。

最后，如果你想知道你有多坚毅，尝试坚毅打分表。

打分表给大人和初高中孩子了解他们“具备坚毅”的情况。如果他们的分数低，那么就要下意识地提升自己坚持完成任务的能力，甚至在他们“撞墙”之后。他们可以投入更多训练的时间，可以开始勤奋起来、积极行动——他们可以采访展示毅力以及在他们的人生中展示坚毅的社区或家庭成员。

富有成效的努力

富有成效的努力……听起来似乎很矛盾，对吗？我们想让学生在一个能够让他们付出努力、拓展自己的区域学习——挑战就是富有成效的奋力和沮丧之间有根很细的分界线。教育界作者罗宾·杰克逊和克莱尔·兰伯特描述了富有成效的努力和毁灭性的努力之间的区别。

毁灭性的努力：

- 导致沮丧。
- 学习目标让人觉得模糊且不可触及。
- 感到没有成果。
- 学生感到自己没人管。
- 制造一种不充足感。

当学生处于毁灭性的努力时，需要即时干预他们——学生可能没什么想法或想不出什么策略来处理手头的活儿。有时他们无法调节自己的情绪。

富有成效的努力：

- 导向理解。
- 学习目标让人觉得可以实现，而且努力看起来值得。
- 产出结果。

- 引导学生感受自己的能力及高效率。
- 创建希望的感觉。

在富有成效的努力中，学生可以全力应对任务，尝试各种策略，并最终找到解决方案。孩子们就在这样的时刻发展毅力和学业方面的自我修复力。在学生富有成效的努力中可以给他们提供一些指导——但不要过度帮忙。对学生提出的问题可能触发某个可以尝试的策略，或者提供一些支持来帮助他们。引导学生提出可以触发新想法的问题。学生明白富有成效的努力的重要性。

对老师们而言，有关视频值得一看，比如《提升数学学习效率的教学习惯》（心智研究所，2016）。即使视频关注的是数学，也可以应用于各个内容领域。我尤其喜欢有创意地解决问题以及在有效努力的世界里，哪些做、哪些不做，这些可以在表5.1中看到。

记住第二章谈论的帮助卡在某个学习环节或内容的学生的策略：

- 把想法大声说出来或自我对话（元认知）。
- 把材料分成一个个小部分。
- 休息一下，提高成效和创造力。
- 回顾先前的反馈或例子。
- 强调能够帮助聚焦。
- 通过具体的问题寻求帮助（学生试了一些策略之后）。

线上现有的许多资源对于数学的有效努力是具体的，然而，努力的机会不该限于数学课堂。在各个内容领域给学生提供机会解决问题、全力应对信息、对内容批判性地思考。让学生知道“努力”不是一个消极的词——这只是意味着他们正在学习。

表5.1　富有成效的努力去做和不做

不做	做
不要总叫知道答案的孩子回答问题。	相反，塑造一些方式让大家对不正确的答案感到好奇。
不要表扬学生聪明（你已经知道这一点了！）。	表扬学生能够坚持并想到创意的解决方案。
不要在你的布告栏展示成绩A的卷子。	展示有创意地思考某个问题。
不要在卷子上打对钩或叉。	提供有用信息的反馈。
不要有刻板的时间限制。	留时间给学生小修小补。

注：这些词条是从视频上搬下来的。心智研究所对视频《提升数学学习效率的教学习惯》有所发展。

错误的类型

成长型思维《奏效的思维方式》的共创者爱德华多·布里塞尼奥指出四种常见的错误：延展错误、恍然大悟之错、粗心大意的错误以及重大失误。他对这四种错误的描述如下：

- **延展错误。**当我们做一些超出自己正常舒适水平——比如迎接挑战——的事情时会发生这样的错误。产生延展错误是好的：如果我们从未犯这样的错误，我们就可能回避风险。

- **恍然大悟之错。**这样的错误在我们实现自己想实现的事情时发生。布里塞尼奥用以下例子说明这种错误："当我们做出错误的推断，比如，我们尝试帮助某人，想着这样的帮助总会受欢迎，但发现那个人那个时刻并不想得到帮助。"
- **粗心大意的错误。**当我们做一些熟练的事情时，由于很匆忙或受到干扰，就会产生这样的错误。
- **重大失误。**危及生命的情境或表现型的失误归入这一类。一名学生在求学生涯中都很努力，如此他可以考入顶尖常春藤学校，而且他需要在SAT的考试中表现很好（基于表现），或者一位外科手术大夫正在做一台拯救生命的手术，这些被认为是高风险的事件，有可能会发生高风险的失误。

在小学阶段，让学生明白延展错误和粗心大意的错误之间的差别有助于学生反思他们的学习进程。自我对话可以这样做：

我试着解答那道数学题的时候犯了许多错误。我觉得之所以犯错是因为不知道如何做三位数的除法。不过没关系，因为我已经做了尝试并延展了自己的思考。

或者：

我需要慢下来，做作业的时候更加专注。我犯了一些粗心大意的错误。我没有向老师展示自己真正理解的内容。

让学生分析自己犯错的类型有助于反思，这对于发展成长型思维很重要。可以在第六章找到其他帮助学生学会处理和接受失败和错误的学习任务。

关于如何处理对失败的恐惧，汤姆·凯利和戴维·凯利说过：“对失败的恐惧阻挠我们学习所有的新技能、承担风险以及面对新挑战。”

他们还说：“你知道你会把球掉了、犯错并走向一个或两个错误方向。但你把它当成学习的一部分。这么做，你能够保持自信，尽管受挫折也能前进。”

说得好。

插画者：罗俊翕　北京第一实验学校

第六章

开展成长型思维教学的9个方法

"当我做游戏的时候，我感到自己的大脑正在长进。"

——三年级学生

你听说过"心脑教育"或"学习的科学"吗？教学转换中心（CTTL）呢？没错，我在2018年修订完这本书的时候还没听说过。（顺便一提，这本书现在是第三次更新！你可能会问一本书为何要花心思更新三次？因为我们要继续了解我们奇妙的大脑新知识以及这些新信息如何影响教学！）

上面提及的这些词条指向一些研究领域，即聚焦大脑、大脑如何学习、这些信息如何引导我们的教学。

就像科技的许多进步，科学家们使用图像可以"看到"正在学习的大脑内部，这使得该领域在过去的几十年跳跃式成长。关于大脑学习和成长的研究对这本书呈现的想法影响很大。在一些案例中，它通过观察学生或者你自己的孩子或孙子女来确认。

研究估计普通人有86,060,000,000个神经元！一天有86,400秒，因此如果你可以一个个数你的神经元，你需要每秒数一百多万个神经元，这样才能在24小时内数完。（这个例子会让你的脑袋一想到要数神经元就发痒！）帮忙将一个抽象的“事物”比如一个神经元变成给孩子们看的真实事物是一个挑战，但这是重要的一部分。

事实上，越来越多的研究和教育组织正在交流教学生大脑知识的重要性。增加动力、乐意接受新挑战以及孩子们理解自己的大脑如何运作后对失败更健康的反应，这只是其中的一些益处。由于紧凑的课程安排和校区强调年级和课程内容之间持续的教育体验（而且还得补上疫情期间落下的学习），教育者无法在已经非常紧凑的课程和教学计划上面“添加”更多的东西。因此，寻找把神经科学和成长型思维知识融入平时教学的方式需要充足的资源和创意。

请记住这不是仅此一节的体验课——需要不断提醒学生他们有能力让自己的大脑成长，每个人的大脑都有弹性（神经可塑性）。我们如何使用自己的大脑很重要。因此，我们需要通过更有创意的方式教和重新回顾智力可塑性的理念。

开始思考你所教的学科和年级。哪里有机会介绍一些大脑的基本知识？

神经科学和成长型思维的学习体验

在接下来的内容中，可以找到一些构建大脑概念性理解的观点，以及给学生布置的固定型思维和成长型思维任务。每一个部分遵循响应式教学模型，为教师列出若干想法，供其与学生一起使用。一些想法由于策略或任务的开放性可以跨年级使用。其他内容具体到各个年级的学习任务。你可以将此作为菜单，挑选对学生来说最有益处的学习机会。

预习和预评估

如第三章提及，为了策划有效的、差异化教学，我们必须首先触发学生的背景知识，了解学生对大脑及其运作都知道些什么。

小学的预习

小学生的预习可以同以下一系列问题引发讨论这样简单：

- 教师指着他或她的脑袋说：

  “谁知道这里头是什么呀？”

  “我们使用大脑做什么呀？”

初中和高中的预习

中学生可以积极地参与关于大脑的讨论来帮助教师测量他们

的背景知识。向学生展示一幅大脑的图片，就大脑这一话题讨论2—3分钟，随着讨论的进行让他们提供信息。

小学的预评估

教师应该向学生解释，他/她想了解“关于大脑及其运作”学生都知道什么。譬如，你可以说，“我给你们一张纸，我想让你们做两件事”。举起一张印有大脑的空白纸（见图6.1）问学生：“谁能告诉我这些点都形成了什么？”（可能得到“脑袋”或“面孔”这样的答案。）

把预评估发给大家，让学生在虚线内的空白处画他们认为自己的大脑长什么样。然后，让学生写下他们了解的关于大脑的任何东西。提醒学生这次评估不记分，只是测量他们的背景知识。

学生完成预评估后，教师审查预评估，总结答案可能形成的模式。同样的答案包括：

- “我的大脑帮我思考。”
- “我的大脑让我变得聪明。”

同时分析学生关于大脑的绘图：尺寸准确吗？总结一下学生对大脑的基本知识。注意有没有学生对大脑多些认识，对这些学生做差异化教学准备。其他学生对大脑有些认识，但对于大脑的运作还需要更多的了解。一些学生对大脑不太了解，所以需要更多的指导。

姓名________________________________ 日期_______________

在虚线内画出你认为的大脑的样子。

写下或者让你的老师写下你所知道的关于大脑的知识。

图6.1　学生的大脑知识预评估空白卷

初中和高中的预评估

你可以用图6.2给学生做一个类似的预评估，提示他们“分享你知道的有关人类大脑的一切”，然后让学生记下他们的想法。

姓名＿迈克＿＿＿＿＿＿＿＿　日期＿＿＿＿＿＿

在图中画出你认为的大脑的样子。

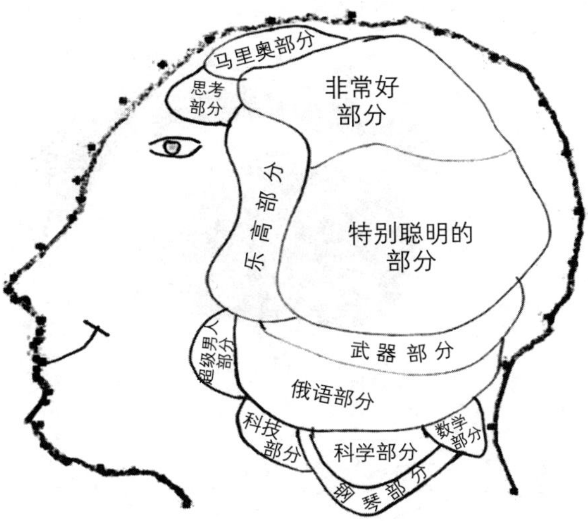

写下你知道的关于自己大脑的一切。

大脑特别聪明。我喜欢科学。乐高非常棒。
我说俄语。我喜欢科技。我爱做实验。

图6.2　迈克完成的预评估

为何开展预评估？学生真的对大脑有很多了解吗？

在任何年级，预评估都可以作为让教师确切知道从哪里开始教学的一种方式。当我建议给三年级的一组学生做上述预评估时，他们的教师却评价说这可能是在浪费时间，因为学生对大脑

姓名 戴文　　　　日期 10-13-11

在图中画出你认为的大脑的样子。

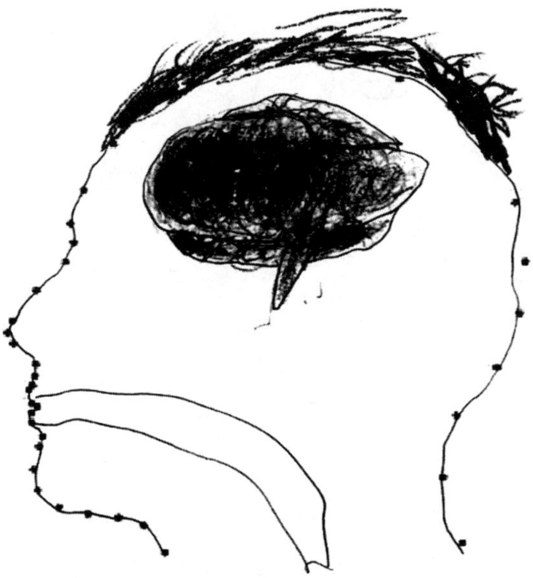

写下你知道的关于自己大脑的一切。

你的大脑对你有帮助，帮助你说话，保存你的记忆。

图6.3　戴文完成的预评估

一无所知。在一些案例中，没错，预评估反映学生对大脑知之甚少或一无所知。就有学生回答说：我的大脑让我思考，以及在纸上乱涂乱画或画线团。记住，预评估的目的是让你能够将你的教学和学生的需求相匹配——如果你都没有做这样的预评估，你怎么知道哪些学生很了解大脑，哪些学生还需要对大脑多加了解？

姓名　爱恩娜　　日期　10-13-11

在图中画出你认为的大脑的样子。

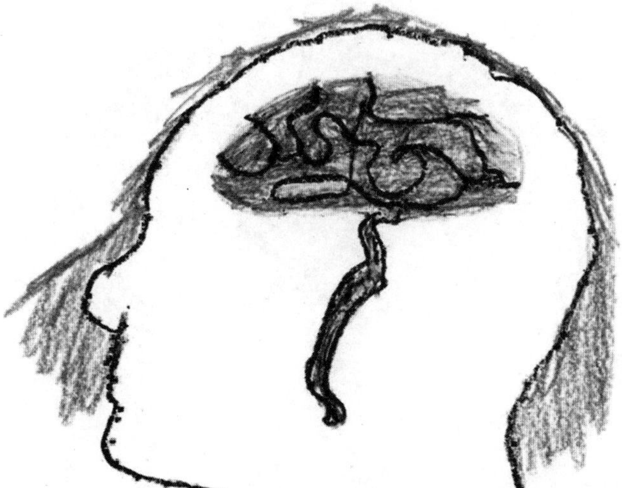

写下你知道的关于自己大脑的一切。

你的大脑能让你变得更聪明、更努力思考。

图6.4　爱恩娜完成的预评估

预评估从来都不会浪费时间！

譬如，通过这个过程，各个年级的许多学生表现出了对大脑功能的理解。看看图6.5薇尔拉做的预评估。

我到薇尔拉所在的三年级课堂做预评估，这时发生了一件有趣的事。每张桌旁坐着大约六名学生，我边走边观察，注意到薇

姓名 薇尔拉 日期 10-13-11

在图中画出你认为的大脑的样子。

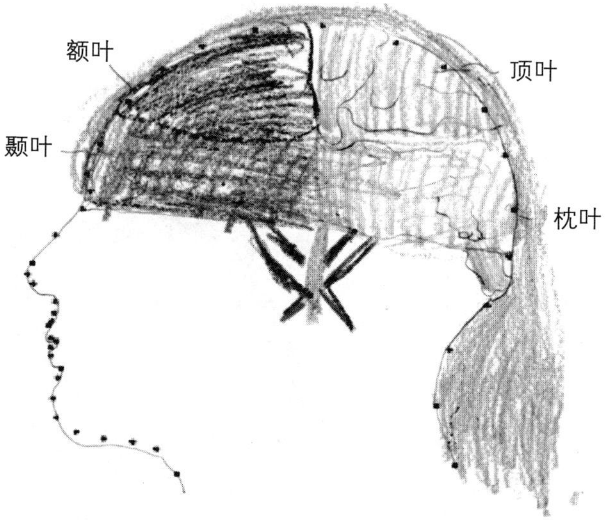

写下你知道的关于自己大脑的一切。

大脑是身体的一部分，帮助你的一切，没有大脑，你甚至都活不了。大脑帮助你记事。

顶叶是大脑的一部分，帮助你记忆。额叶帮助你学习、思考……

图6.5　薇尔拉完成的预评估

尔拉趴着，手里拿着铅笔，很认真地在纸上写着。我在她身后停留了一会儿，看看她正在写什么。不一会儿，这桌有个男孩就叫道：没错，看看她的试卷吧，她就是聪明的那个。我跟男孩说他和这张桌的所有学生都认真完成了任务，而且做得不错。男孩想了约1分钟说：是的，但她还是聪明的那个。那时候我就知道，这个男孩所在班级需要做很多工作来构建成长型思维文化。

当我评审预评估时，发现薇尔拉的答案实在很出众，所以我询问她的教师能否跟这位学生谈几分钟。我表扬了薇尔拉付出的努力，并问她从哪里学到这么多关于大脑的知识。她解释说她的奶奶是一名医生，她是从奶奶那里学到的。

我也问了一名一年级学生在预评估中写的一个答案。孩子写道：大脑是将卡片放进去的一个地方。问过学生之后，我才知道他指的是记忆卡，就像在数码相机或一些电子游戏设备中能够找到的——一个可以存储所有信息的地方。看看，这就是21世纪的回答。

和学生分享一些关于大脑预评估的回答。譬如，告诉学生："你们都认真完成了关于大脑的试卷。许多人说你们的大脑帮助你们思考！"向学生解释他们将会学到更多关于大脑的知识，但首先你想听一听他们对一些陈述的看法。学生可以使用"赞同或不赞同"的标识或向上、向下竖起大拇指来回答以下三个陈述。这些陈述从卡罗尔·德韦克的思维方式工作坊摘取改编而来。

告诉学生："我将给你们朗读并展示一些句子。如果你们赞同，举起你们的赞同标识；如果你们不赞同，举起你们的不赞同标识。不要担心其他同学的选择；我想知道你自己是怎么想的！”注意谁赞同或不赞同以下的陈述：

- 每个人都能学新事物。（成长型思维的信念）
- 一些小孩生来就比其他小孩聪明。（固定型思维的信念）
- 我们可以让自己变得更聪明。（成长型思维的信念）

我们期待所有的学生都赞同“每个人都能学新事物”。需要注意的是对第二个和第三个陈述的回应。如果学生赞同第二个陈述，那么很可能他们对自己的潜能带有固定型思维。如第一章讨论的，我们发现孩子年纪越大，在学习的某方面越有可能带有固定型思维。

你可能也想私底下采访一些学生来了解他们的思维方式，尤其当你怀疑答案并不真实的时候。或者如果你觉得有必要匿名回应，让学生把脑袋放在桌子底下，以大拇指示意即可。

一旦你教的学生完成了关于大脑知识及思维方式的预评估，你可以尝试我在下面几个部分提及的学习任务范例。

学习任务范例一：大脑如同海绵（所有年级）

> “我知道我的大脑如同海绵般生长，我得像锻炼身体那样训练大脑。”
>
> ——四年级学生

这项学习任务基于杰罗姆·布鲁纳的概念获得模型，使用了猜想盒策略。这个模型是帮助学生发展归纳和演绎思维技能的一种教学途径。这样的活动可以在学习任何领域的内容时建设性地、有意义地完成。大家都不知道盒子里装的物件，这是概念获得和训练批判性思维的好工具。课前在纸板或图纸上设立一个大栏目和一个小栏目。在大栏目顶端写“一个__________的特性”。在小栏目顶端标上一个问号（见图6.6）。

让学生知道他们的任务是找出盒子里头的东西。他们只能问答案为“是”或“不是”这类型的问题。让学生明白答案为“是”或“不是”的问题同样重要，因为这些问题都给了我们关于物件特性的宝贵信息。

一个________________的特性

一个________________的特性	?

图6.6 猜想盒活动使用的表格

随着学生通过他们的提问了解物件的特征，在表格上记录所有确认过的特征。如果不确定如何回应一个问题或者认为回应真的会误导学生，那么在“打问号”这一栏写下问题。我可以举个例子，比如我在一个猜想盒里放一个钟。钟是一个工具，但我知道如果我说是，那么他们会开始想诸如螺丝刀或锤子这样的工具。因此，我把“工具”这个词放在“打问号”这一栏，然后活动结束再讨论这个词。没限制学生提多少问题。事实上，当许多学生知道盒子里头放着什么时，提问的层次就更高了，而且老师开始发现学生身上的“火花”。许多老师认为一些孩子知道盒子里的物件就该结束猜想盒策略，但这样学生将失去机会对物件所代表的东西真正形成概念。

揭示盒子里的物件之后，询问任务完成的情况和反思猜想盒活动的过程很重要。问学生以下问题：

- 哪个问题对你弄明白盒子里的物件（最）有帮助？
- 谁问了这个问题？你为何这么问？

找出学生问具体问题的原因。和学生讨论哪些问题对他们重要以及原因何在，通过这些问题他们得到了什么样的信息。

- 三个最宝贵的特性是什么？换言之，如果我们只能选择三个词或短语来描述这个物件，它们会是什么？

如果学生意见不一致，讨论从每个特性中获取的信息，然后达成一致意见。像猜想盒策略这样的教学策略有助于形成成长型思维文化。经过深思熟虑提出问题的学生，往往是在学校较为传统的领域表现不太突出的学生。

一旦学生熟悉猜想盒活动的过程，就可以利用猜想盒活动来帮助学生学习有关大脑的新知识：让你的大脑运转起来！对于这样的课堂在下一段会描述。

猜想盒：让你的大脑运转起来

在一个猜想盒里头放一块可吸水的、扁平的海绵。如果可能的话，使用一块“膨胀”起来的海绵——吃饱了水形状发生改变的海绵。在图纸上设立两个栏目：“一个__________的特性”和一个问号。告诉学生：

> 这个物件可以有很多不同的颜色，所以你们不用问关于颜色的问题。（你可能会补充一句：很多这样的东西是黄色的。）这是你清洁的时候会使用的东西。

然后允许孩子们提问来确定盒子里的物品。关于盒子里的神秘物件，学生问了许多问题之后，教师应该在图纸上逐一列出特性帮助学生得出结论：盒子里装的是海绵。图6.7囊括了从幼儿园、一年级到二年级课堂上的图表例子。列出来的这些特征是经由学生提问总结的。

学生确定盒子里装的是海绵之后，让他们反思活动过程，并提出这个问题：“你的大脑是如何像一块海绵的？”让学生思考大脑和海绵相类似的地方。学生实际的回答可以包括：

- 它们都是粉色的。
- 它们都可以挤压。
- 它们都会变大。

幼儿园	一年级	二年级
用来清洁	用来清洁	用来清洁
许多是黄色的	通常是长方形	通常是带棱角的长方形
在家里有	可以在厨房找到	用来洗盘子
通常在浴室	可以用来清洁硬地板	有六个面
通常在厨房	需要人使用它	用来擦地板
易于压扁	时常是软的	易于压扁
可能变硬	可以撕开它	里头有洞
通常是长方形	可以用它来擦拭	可以和肥皂一起使用
可以变湿	需要水	你得弄湿它
摸起来凹凸不平	可以和清洁剂一起使用	
可以将它挤干		

图6.7　猜想盒——一块海绵的特性清单

- 它们都能吸收。

现在为学生设置以下情境：

> 让我们再次看一下我们的海绵。我将它放进这个罐子里，然后慢慢加水进去。现在开始使用你们的想象力：让我们假想海绵就是你们的大脑，水代表你们每天学习的新东西。当你们加入所有学到的新东西之后，你们认为大脑会发生什么样的变化？

慢慢地将水倒在海绵上面。学生将会看到海绵开始吸水膨胀。告诉学生："你们每次努力学习并学到新东西的时候，你们的大脑就成长并且变得更强大。海绵变得更大了，而且现在是湿的，所以更好用了。"学生接着可以观察不放水的海绵几天后会变成什么样：开始变干、变皱。将这个现象和没有受到挑战的大脑联系起来。

学习任务范例二：构建一个神经网络

"如果功课变难，我就想象自己大脑里的神经细胞试着相互联系。"

——五年级学生

以下提供若干想法帮助学生构建一个概念性理解：当他们学习的时候，大脑发生了什么。神经细胞的关联在学习、实践和掌握的过程中产生并加强，这些解释也有助于学生对此形成思维图像。

在你分享这些学习经历之前，给学生一些关于大脑如何运作的背景信息，告诉他们："在我们的大脑内部有大脑细胞，称为神经细胞。我们有数以亿计的神经细胞，有些相互关联，有些在四周漂浮。"给他们展示一张神经细胞的图片或图表，如图6.8所示。让学生思考是什么导致这些神经细胞相互关联。这里有一些学习体验的范例能够帮助你教学生这个概念：

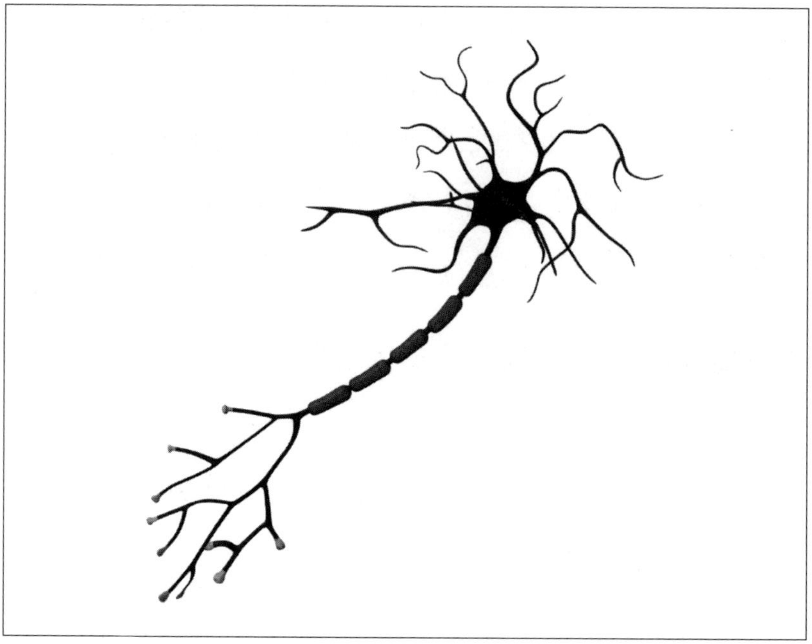

图6.8 大脑神经元图示

1. 学习体验一：学生扮演神经细胞

- 让三到五个学生扮演神经细胞。如果是小学生或初中生，你可以让他们举着一张神经细胞的图片或在他们的脖子上挂一张画着神经细胞的卡片。

- 问学生是否有人能够分享最近学到的新内容。学生的回答可能包括乘法运算、外语、缝纫、运动等等。为更好地描述，我们在此选择萨姆的回答。萨姆分享说他刚刚在数学课学了除法。老师接着宣布这一组神经细胞现在代表萨姆大脑的一部分。

- 取出一条细线，让代表两个相互关联的神经细胞的学生使用这一条线，一人握着一端。这一条细细的关联代表除法。向学生解释萨姆才开始学习如何做除法，所以这个关联现在有点弱。

- 问萨姆是否已经学到并掌握某些内容，但仍然需要一些训练。在这个案例中，我们就说萨姆的回答是“乘法运算”。这时，演两个神经细胞的学生可以用一根较粗的线代表比较强一点的联结，譬如毛线。这代表比起除法，萨姆更擅长乘法，但还没有达到掌握的水平。

- 接着建议以下情境。让我们看一看萨姆的除法关联：它是一根细线，但当萨姆学了更多除法的知识并做了练习之后将发生什么？萨姆坚持学习，并付出很多努力，最终成为除法的行家。这个关联将会如何变化？此时证明这条关联的线被一根强韧的绳子所取代。（这里可以用马克莱姆线。）图6.9和图6.10是这一堂课如何在两个不同的教室里开展的例子。

- 那么，如果萨姆认为除法对他来说太难，他决定放弃，会怎么样？这个关联将发生什么？（会保持微弱的关联或者关联完全断裂。）

- 让学生想一想他们学习新东西时感到沮丧的某个时刻。让他们想象这样的画面：每一次他们努力完成挑战并掌握新事物时，他们的神经细胞关联变得更加强大。让他们想一想面对挑战时神经细胞的关联。提醒他们：“一旦你构建了强大的关联，你就增加了大脑的稠密度，事实上你让自己变得更聪明！”

- 你也可以让学生画出他们强大的和“尚未达成”的神经

图6.9　学生在马里兰州兰德尔斯敦小学贝斯帝 · 布克的一年级班上展示神经细胞关联

图6.10　法拉 · 康奈利班上的一年级学生正在讨论哪些关联强大（粗绳），哪些关联代表新的学习（细线）

细胞关联。在纸上画一幅大脑的草图，让学生想想他们理解并且非常擅长的知识以及正在学习但还没有完全理解的知识。卡玛仁的大脑显示对数学、拼写和越野摩托车有非常强大的神经细胞关联。然而他解释说，他最强大的关联是“烦扰我妈妈”——他觉得自己在这方面非常“擅长”！

2. 学习体验二：用公路路线图类比神经和大脑的关系

可以拿目的地和公路做一个类比来解释神经细胞和大脑的关

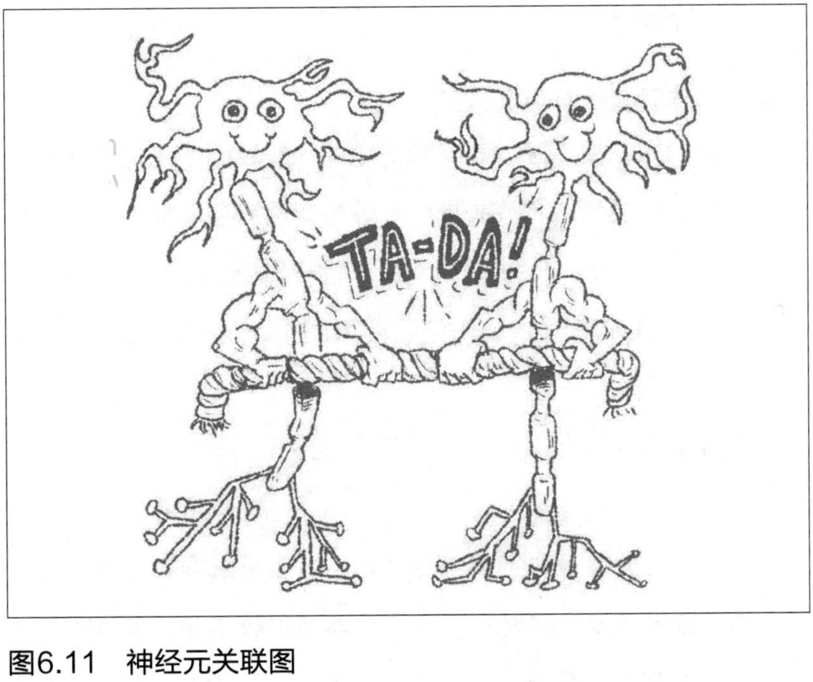

图6.11　神经元关联图

资料来源：《没什么你做不了的！成长型思维的秘密力量》（里奇，2018）

我结实和"暂且还不结实"的神经元联结

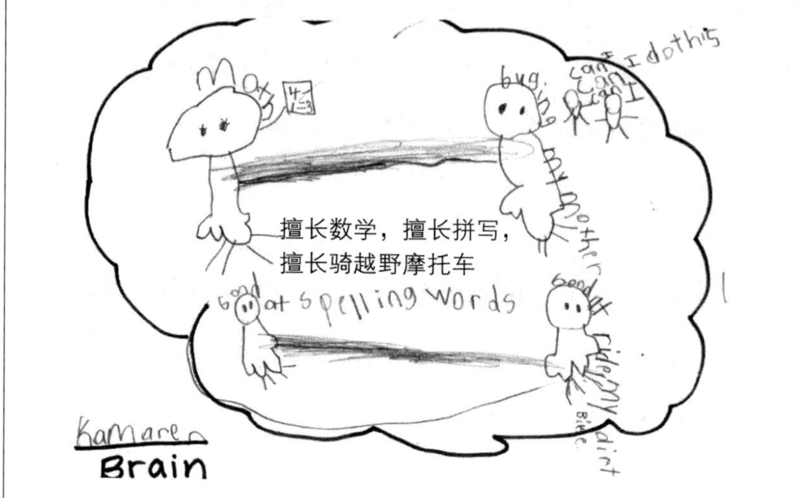

图6.12　卡玛仁的神经元联结

系。譬如，在纸板上画一张学校的地图，然后问学生他们如何从学校回家，或去商店，或去加油站等等。然后展示他们如何从一个地点到另一个地点。每一个地点（神经细胞）到另一个目的地有一条关联或者道路。你可以使用图6.13这样的图在班上做展示。

告诉学生：

> 许多地点的路径很清晰，有些地点有去很多不同地方的关联，另外一些地点的路径则较模糊，因为你不常去那个目的地。当你了解一条新路线或当一条新路刚修成时，新关联产生了。神经细胞通过类似的方法运作。

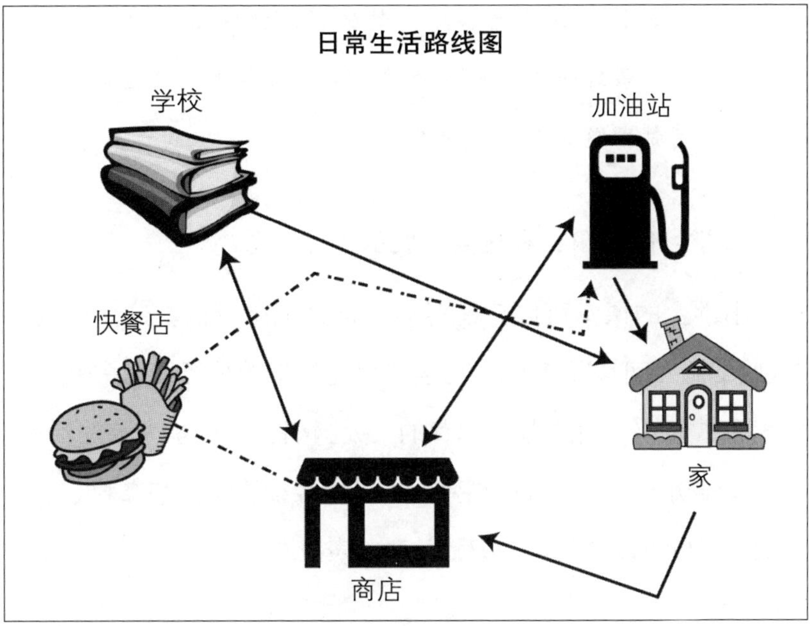

图6.13　帮助学生在脑海里看到神经路径的地图

它们产生成百上千的关联。你学得越多，产生的关联也就越多。它们行走得越多，学习能力就越强。

3. 学习体验三：视觉化体验

让学生想象自己正穿过一片未被探索的森林。你和学生探讨视觉化的时候，可以这样描述：

没有道路，没有被踩倒的植物，没有东西可以引路。一条新的神经路径，就像第一次穿过一片未被探索的森林。这条道路走得越频繁，挡在路中间的障碍越少，最终一条干净的道路产生。那条干净的道路意味着清楚理解正在学习的内容。

4. 学习体验四：在玩要中展示

小学生的课堂可以订购时兴的神经细胞玩偶。这些可爱的“大脑细胞”可以用来证明在学习期间产生的神经细胞关联。小学生尤其喜欢使用这些毛茸茸的“大脑细胞”展示大脑的活动。最近我拜访一个二年级的课堂，遇见神经细胞耐德和奈莉。幼儿园的孩子也可以参与神经细胞关联的表演。

5. 学习体验五：用科技向学生呈现动态中的神经细胞

网上有很多视频证明神经细胞的关联。儿童神经科学网站也是一个好资源，这个网站是在研究中心的“科学教育伙伴奖”支持下建立起来的。

学生的年纪越大，对于学习和大脑的信息可以增添越多的细节。譬如，一旦学生理解了神经细胞的关联，下一步就可以介绍树突和突触。树突位于神经元末端的细分支，接收其他神经元传来的信号。突触使得一个神经元传递给另一个神经元。讨论和展示神经细胞路径的产生之后，让学生完成一个形成性评估，以便你测量他们的理解情况。只需给孩子一张空白纸，让他们画或者写上他们学到的关于大脑的所有信息。教师应该评阅学生完成的形成性评估来检查他们的理解程度。如果有必要，和那些没有对神经细胞关联形成概念的学生一起学习，并以新的方式教他们。

学习任务范例三：大脑像一块肌肉

> “什么？您的意思是我可以像锻炼肌肉那样锻炼我的大脑？”
>
> ——七年级学生

向学生解释大脑如同一块肌肉——你越用它，它会变得越强壮。这个概念学生通常不难理解，尤其当你使用以下展示过程时：

- 向学生展示一个两磅的举重器。（年纪大一点的学生也许想用一个五磅的举重器。）让一个学生展示人们如何使用举重器锻炼。问以下问题：“如果我让＿＿＿＿＿＿每天都用这个举重器锻炼，多次训练之后，他的胳膊肌肉会变成什么样？”学生的答案包括：“他将变得更强壮。”“他的肌肉会变壮实。”“举重会变得更容易了。”向学生解释，他们用这个举重器训练越多，举重会变得越容易。问学生为何会产生这样的结果。学生可能回答：“因为他每天都锻炼，他学会了如何举重。”继续问学生：“如果他想接受更多挑战，想进一步锻炼肌肉，他应该做什么？”
- 接着，给学生展示一个三磅的举重器。（年纪大一点的学生也许想用一个十磅的举重器。）将举重器递给做展示的学生。问学生跟两磅的举重器相比，这个举重器感觉如何？告诉学生这个举重器更沉一些，但通过训练举起来也会变容易的。教师可以通过以下例子进一步解释概念：将学生在学年早些时候学到的内容，与他们现在正在学的内容进行比较。一个一年级学生这样解释："轻一点的举重器就像你学会数到十。你训练数数直至变得简单。更重一点的举重器就像学会数到100！有点难，但如果你训练的话，也会变得更简单。"

- 让学生思考用两个不同重量的举重器训练与训练大脑有何类似之处。解释说我们需要一直试着学习新内容来帮助我们的大脑变得更强大！神经细胞有了更多关联使得我们的大脑更强大，就像我们的胳膊通过举重器的训练有了更多的肌肉。告诉学生："因此，即使面对一些真的很难或有挑战性的事物，也要知道你的大脑正在形成所有新的关联，而且大脑也正变得更强大！"

另外一个补充他们学习的方法是你给小学生解释这些概念的时候，用乔安·迪克的绘本《你最奇妙的灵活的大脑：延展、塑造你的大脑》这本书解释大脑的各种功能，大脑如何成长和联结，大脑不同部位看起来怎样、如何运作。我最近发现迪克的另外一本书《跟你奇妙的灵活的大脑说晚安：给孩子的成长型思维书——你说晚安之后你奇妙的灵活的大脑都做什么奇妙的事情》。需要给年纪大一些的孩子也带一本书？那么，乔安·迪克在《开动青少年的大脑：大脑主人的手册》中也谈及了这个话题。

展示之后，进行一项形成性评估，让学生回忆到目前为止他们所学的大脑知识。将他们的回答制成图表。你想听到的主要内容如下：

- 你的大脑可以成长并且变得强大。
- 当你学习的时候，你大脑的神经细胞制造新的路径和关联。
- 你的大脑就像一块肌肉。
- 锻炼（学习并拥抱挑战）对你的大脑有益处。
- 当你学习一些从一开始就具挑战性的东西时，坚持训练！这会帮你的大脑变得更加强大。

学习任务范例四：照顾你的大脑

向学生解释大脑得到足够的睡眠也很重要。研究表明缺乏睡眠影响记忆力，并增加了完成某些任务的时间（所有人都一样）。让每个学生制订一个计划，确保每天晚上他或她都能得到足够的睡眠。这样的计划可以是睡觉前一个小时关掉所有电子设备，拉上遮阴板或窗帘，打开白噪声助眠，以及最重要的是在你能够享受好睡眠的时刻上床睡觉（对于学龄儿童而言每晚需要9或11小时）。

年纪大一点的学生可以研究一下大家公认的有益大脑的食物。对于年幼一些的学生，解释某些食物也会对大脑运转的方式产生影响。问学生是否知道哪些食物是极好的有益大脑的食物。使用图片或塑料食物模型，向学生展示一些最好的大脑食物。一次一样，展示并讨论以下食物：鸡蛋、鱼、坚果、浆果、香蕉。注意到学生应该吃这些食物，以及其他一些健康食品，而且大家应该有规律地吃，而不是在有考试的早晨才吃！一位五年级的学生在这个讨论之后宣称："我明天考试之前，打算吃蟹饼，在边上加蓝莓、香蕉和坚果。"这样的评述是一个很好的方式，展示了在所有时间照顾好自己大脑的重要性。向学生指出我们的大脑需要"喝"许多水、保持含水量，这一点也很重要。

向学生解释体育锻炼也可以增强大脑的能力。锻炼会将更多的氧气输送给大脑。这些额外的氧气让大脑变得更加警觉。当人们有规律地锻炼时，他们通常能够增强自己记忆新信息的能力，而且在学业上会做得更好。

学习任务范例五：使用系列策略

在这项学习任务中，围绕某个具体概念的一系列物件集合起来帮助学生形成分类策略、分析物件的特性以及发现物件之间的关系。这一策略基于杰罗姆·布鲁纳的概念形成模型。对于形成批判性思维也是一个强有力的工具。有两种系列，即顺序系列和揭示系列。在揭示系列中，同时陈列所有物件。如果物件之间的共同关联明显，那么用揭示系列的效果会不错。重点应该是在群里寻找异同点。相互关联的一组动物玩具或者交通工具模型可以成为一个合适的揭示系列。若一次摆出一个物件，则使用顺序系列。摆出每个物件之后，教师在索引卡片上记录学生写的猜测，即这一系列所有物件都有什么共同的概念。每个物件展示完毕，拿掉没用的概念卡。这一系列的最后一个物件是验证器。验证器应该有助于强化该系列的共同概念。有可能许多保留下来的想法能够描述展示的概念。和学生分享你的所思所想。或许他们能够想到一些额外的物件也符合这一系列。

和学生做这个任务时，我想在这个具体的、以大脑为导向的系列里展示物件：

- 玩具屋的床、枕头或与睡觉有关的另一个象征物
- 玩具自行车、溜冰鞋、球，或者代表运动的运动鞋
- 香蕉
- 瓶装水
- 坚果（如果有人对此过敏，用图片或者塑料的模型）
- 鸡蛋
- 鱼（塑料模型或者图片）
- 科学书
- 一张学校的图，或者代表教室的某个东西

每个展示物件的顺序都各有目的。每个物件展示之后，老师在索引卡或贴纸上记录学生对每个系列的关注点预测。如果任何学生可以合理解释应该留哪张卡片或贴纸，就留下这张卡片或贴纸。如果学生发现先前没有提及的共同特征，也可以取回先前剔除的类别。

上述系列形成的共同概念是“对你大脑有益处的东西”，比

如睡眠、运动、大脑食物、水（含碳水化合物）、阅读和学习。这一系列完成之后，询问学生活动的过程："我每次拿出一个物件，你正在想什么或你的大脑正在做什么？"让学生知道他们刚才正锻炼自己的大脑，通过思考（指着分类卡片）让大脑变得更加强大。向学生解释，如果他们的某个想法和老师的一样，没有关系；他们通过思考系列中物件之间的关联让自己的大脑更强大！

和学生一起回顾能够让我们变得更聪明的所有不同方式（指着系列策略）。告诉他们："要坚持相信如果我们努力尝试，我们的大脑能够成长，这很重要。"讨论"努力"一词的含义，让学生分享他们如何付出有效努力的具体例子。

鼓励学生抱持成长型思维

教授学生大脑如何运作的知识的初步课程完成一部分或全部教完之后，你可以向他们介绍产生成长型思维模式背后的想法。向学生解释如果我们总是相信通过努力和毅力就能够学习而且变得更聪明，那么，我们将有一个成长型思维模式。向学生展示图6.14的成长型思维海报。

学生理解成长型思维模式的含义之后，向他们介绍固定型思维模式的概念。告诉学生：

人们有时不相信通过努力能够让他们变得更聪明。

图6.14　成长型思维的海报

> 这些人的思维是固定型的。因此，如果你听到自己说“我不太擅长数学/阅读/运动”，这就是固定型思维。相反，如果你说“数学有时对我而言是困难的”，这就意味着你得总是更努力地尝试和训练，让你的大脑在数学方面变得更强大。

展示抱有固定型思维的人的内心对话（如上所述），直接使用这样的例子有助于学生理解他们在过去对某个任务或事件可能带有固定型思维。鼓励学生思考在自己的生活中，他们喜欢的图书、影视作品中的人物持有的成长型和固定型思维模式的例子。

进一步鼓励学生努力持有成长型思维。告诉他们：

> 我们有时觉得自己不能学某些新事物，如新的电子游戏或使用一个新手机，或讲另外一门语言，但接着我们提醒自己带有成长型思维模式，而且意识到如果我们保持自己的动力、训练而且非常努力地尝试，那么我们几乎能学会任何事情！在我们班上，我们将每天都构建成长型思维社区。我有时可能会指着我们的成长型思维模式海报提醒你们要坚持。我们每一个人将永远坚持，绝不放弃，而且提醒自己拥抱挑战。

在课程中融入成长型思维

鼓励成长型思维最有效的方法之一是学习文学作品。看看你课程中使用的书和文学作品集。找出能够用来证明成长型思维或固定型思维（诸如顽强、坚毅、自我恢复力、坚持、毅力、职业操守、乐观主义、目标设定等等）的篇目。

通过文学教成长型思维原则是一种非常有效的方式。指出并讨论反映毅力、坚持和努力的书：

- 在班级中讨论沃蒂·派柏的《小小发动机的能量》这本书之后，提出这个问题：如果小小发动机认定他“不能做到”而不是“能够做到”的话，故事会发生怎样的变化？如果我说“我认为自己不能做到”而不是“我认为自己能做到”，那么会发生什么？
- 凯思琳·克鲁尔的《威尔玛无极限：威尔玛·鲁道夫如何成为世界最快的女士》——这是跑步者威尔玛·鲁道夫的故事。首先注意书名的用词“无极限”。让学生猜测作者为何选这个书名。接着，读过这本书之后，再次讨论书名，这时更侧重讨论威尔玛的毅力。
- 玛丽·霍夫曼的《令人惊奇的格蕾丝》中，格蕾丝想在学校戏剧中扮演彼得·潘，但受到抵制；讨论格蕾丝如何坚持自己的想法。
- 凯瑟琳·福尔韦尔的《基里的蝴蝶》——基里坚持练习，直到折纸成功。

如果你有预算买额外的书或进行图书馆购书，《可见的学习与思维教学（教学资源版）：成长型思维教学的54个教学资源》列了一份100册绘本的清单和50篇有作者署名、推荐年级、出版日期以及展示人物的固定型思维或成长型思维或两者兼有的拓展作品（尽管我特别喜欢在每个年级都用绘本）。我也增添了一个栏目，记录故事里支持思维方式的例子。围在桌旁一起读故事的时候，可以问一些成长型思维方式的问题。每本书都可能提出许多问题——现在表上填写的问题只是一些为了开启关于思维方式的讨论的例子。

有一本儿童读物《没有什么你不能做的！成长型思维的秘密力量》，教年龄段在9—13岁的学生理解思维方式。这本读物可以用于任何班级或小组学习成长型思维：咨询小组、学习技能课堂、中学过渡课程，以及作为阅读语言艺术课程的一本非虚构类的读物或者暑期推荐读物。

此外，在一个传记单元，思考展示成长型思维方式的人物传记。可以鼓励学生选读树立毅力、修复力、乐观主义以及职业操守典范的人物故事。这样的人物包括：苏珊·B. 安东尼、凯萨·查维斯、米斯蒂·科普兰、华特·迪士尼、阿尔伯特·爱因斯坦、米尔顿·好时、史蒂夫·乔布斯、纳尔逊·曼德拉、索尼娅·索托马耶尔、哈里特·杜曼以及威尔玛·鲁道夫。

我们也可以构建对这些词的概念性理解（可以把这些词添加到词汇表中）：顽强、坚毅、毅力、坚持、坚持不懈、决心、耐力、忍耐、勤奋、驱动力以及修复力。

科学

很有可能你的学生了解的每位科学家和研究人员都展示了成长型思维。做实验和研究的时候，毅力和顽强很重要。确保你们会讨论这一点以及从失败中学习的重要性。此外，透过科学可以在这些神经科学课程更深层次地教孩子们关于大脑的知识……具体而言，比如神经关联的知识。学习健康课程期间，确保包含通过食物和睡眠习惯提升大脑健康的讨论和发现。

社会研究

看一下你们的社会研究课程，突出展现成长型思维的历史学家。从世界各地找出由于战争、天气和经济挑战不得不重建的社区。

艺术

我发现有趣的是几乎每次问一组人这个问题：“你觉得自己人生的哪些领域持有固定型思维？哪些活动你说自己不能做到……那都是一些什么领域？”在多数案例中，至少有个人说“我不能画”或“我唱歌难听”。艺术似乎是固定型思维方式普遍存在的领域。让学生知道每个人通过努力训练都可以在音乐、视觉艺术以及表演艺术中展现成长。找出在他们的人生中克服挑战的艺术家们，而且或许有些画家的艺术从未被认可，然而尽管被嘲笑，他们还是继续画现在被认为是杰作的作品。

体育

霍华德郡马里兰小学体育老师苏茜·赛尔皮科一直向她的学生传递成长型思维方式。她分享：

> 学习成长型思维无论对我个人还是职业都有帮助。反思作为竞技运动员的20年，我意识到自己的成功很大程度上归因于成长型思维。在我的小学体育课程中施行成长型思维很成功而且也值得这么做。许多孩子把自己的运动技能和他人相比，感到自己不能跟别人媲美。教他们技能的同时也教他们成长型思维的词汇，这提升了他们的信心、决心、毅力以及表现。我全心全意支持在体育课程中应用成长型思维。

锻炼毅力的游戏

我们在第四章讨论过的批判性思维与成长型思维项目，发现随着学生参加的推理游戏变得更复杂，他们因为学习任务锻炼了毅力。思考乐游戏逐步变得更有挑战性，因此锻炼了毅力；这些游戏包括固化巧克力、砌砖头、俄罗斯方块、高峰期、数学小骰子等。（到思考乐网站查看，因为有些游戏可能下架了。）看到那些一般会放弃的学生，他们坚持并试着达到下一个层面的挑战，这很棒。有若干理由表明可以在课堂上使用这些游戏。首先毅力是针对数学练习的共同核心州标准之一："弄明白问题并坚持解答这些问题。"另外一个理由是这些游戏也构建推理过程。可以将它们作为学习的中心或固定活动，上学前后都可以玩，小学生的室内休息时间也可以玩。

通过创客空间教导毅力和恢复力

世界各地的学校纷纷涌现的创客空间是奇妙的创新枢纽——它们是学生解决问题、探索、创新、坚持以及从努力和失败中学习的地方。这些空间储存了学生可以操作、创造以及创新的"材料"。你在创客空间看到的一些材料包括毛毡、硬币、手机电池、电线、灯泡、导电线以及铜带；在更复杂的创客空间，你可能看到电动工具、3D打印机、微处理器以及缝纫机。然而，这些空间不是简单的"材料"储存处：创客空间是引导学生的地方，在这里教师坐在后面，让学生自己实验。创客空间是培养成长型思维的一个完美环境。

我想着在马里兰的乔治王子郡大约100所小学创建创客空间，届时我是高阶和丰富教学的督导。这些空间不仅给学生提供批判思维和解决问题的机会，而且它们也提供了一个学习成长型思维的奇妙机会。尽管我们的办公室对于高阶学习者有深厚的最佳教学实践，我们还是缺少亲手实践的创客空间体验。我知道我们的办公室不可能单独做这件事，因此我在我们校区找了另外两个部门：图书馆媒体服务办公室以及媒体艺术—艺术综合办公室。对每个人而言，很幸运的是这个新形成的合作包括两位做客创客空间的教育者：教学专家、图书馆媒体服务办公室的苏珊·布朗以及媒体艺术的教学专家芭芭拉·丽德（她也是创客空间会议巡回的明星）。我们三个在办公室一起策划并发展一个提问式的创客空间项目来丰富学习内容。学年的第一部分聚焦纸张流通，最后一部分聚焦电子版材料。在空间最初的参加者是四年级和五年级高潜能和高阶的学生。新项目将取代一个资源项目①，新项目开展之前这些学生每周参加两小时的资源项目。

学生除了参加修补与制作，成长型思维也融入了这个项目。学生制作管道清理的神经元，了解大脑和神经网络，他们也了解到失误是过程的一部分。阅读诸如《罗西想当发明家》《最壮观的事》这样的书也是项目的一部分。设计通过制作和阅读文学作品这样的学习体验来构建电路概念。学生在每个学习阶段结束之后使用数码反思日记——这个日记包括督促学生专注他们体验的过程和付出的努力，而不是最后的成果。

苏珊和芭芭拉与要求额外支援的资源项目的老师们一起合

① 资源项目（pull-out program）指从常规课程或活动中抽离出来的特定课程或活动。这种模式旨在为特定群体提供更加专注和个性化的教育或训练，以实现特定的教育目标。在教育领域，特别是针对天才儿童的教育项目中，这些资源项目被视为一种能够提供灵活性和允许对常规课程进行根本性变革的方法。这些项目反映了水平丰富和垂直加速的概念，旨在为小学高年级的天才儿童提供额外的学术挑战和机会，以促进他们的学习和成长。——译者注

作。资源项目的教师在学校还有其他的角色，比如媒体专家、朗读老师、辅导员以及考试协调员，因为学校有选择谁施行这个项目的灵活性。芭芭拉和苏珊也有机会和学生一起合作，他们参观学校后与我分享如下：

> 我们和一组四年级及五年级的高阶学生合作；学生用纸质模板创建铜电路来点亮LED灯。我们决定如果他们真的打算学这个，我们需要拿走模板，让他们自己创建电路。让他们设计自己的电路，然后把画的线路给我们看，向我们展示他们需要多少铜带让这个电路奏效。有些人奋力尝试。测量不容易，确保电路能用不容易，

图6.15　创客空间的成长型思维

资料来源：《没有什么你不能做的！成长型思维的秘密力量》（里奇，2018）

> 但他们下定决心做出来。他们一做完，我们让他们记下自己所做的一切。

他们分享的故事是让学生成为学习的主人翁并克服他们面对的困难的好例子。马里兰兰纳姆詹姆斯·麦克亨利小学的学生凯文课后分享道：

> 今天的课令人吃惊。我自己能创建电路，不用听别人跟我说应该做什么。我真的喜欢这样，因为我创建的电路有挑战，不是他们让我们做的简单电路。我创建的电路快完工的时候铜带快用完了，因此我再取了一些铜带，把铜带两端折叠起来，如此电流可以流过，我就是这样解决问题的。

凯文指的“别人”是教育者——他接受尝试独立完成的挑战。

作为多办公室合作的团队，我们也得反思并问自己什么奏效，什么需要修改，什么需要消除或增添以及我们从那里到哪里去。我们学到的一些事情：

- 我们知道创客空间，这并不意味着每位教师都知道相关信息。我们低估一些提供创客空间资源项目的老师的学习曲线——创客运动在K12教育中仍然相对比较新。我们提供教师职业学习

图6.16　凯文自豪地展示他的铜带电路和LED灯

时段以及随后的谷歌统一信息服务，但我们本该做以下这些：

- 花更多的时间专注培养成人的思维方式。让他们知道会有意料中的不易之处。
- 在职业学习时段之前提前上传一些信息。每天的培训有太多的信息。或许我们可以发送一个视频链接描述创客空间是什么，如此大家培训前可以有一些背景知识。我们也可以发送一个链接到为教师创建的谷歌课堂，如此他们可以提前看到内容。
- 调整时机。我们在学习时段塞给学生太多的想法和指导——太多了！随着学生投入学习、想要进一步探索，学习时段比预期的更长。我们了解到第一年应该聚焦电路。

- 自我反思很重要，但我知道我们也恳求资源项目的教师发来反馈。邀请老师们参加一个会议，而且向他们保证参加这个会议不会伤到任何人的情感并鼓励他们具体、坦诚地评述项目第一年施行的情况。这被证明是宝贵的练习，有助于改变或提升项目。

尽管我们意识到需要做出的改变，项目的第一年整体而言是成功的。学生很激动地前往创客空间并投入到学习中去。解决问题的技能以及推理和创造力得到很好的训练。或许最重要的是这些学生懂得了尝试与失误、毅力以及为产出而努力——他们可以把这些经验教训转换到其他的情境。当我们有勇气，并且不为犯错感到不适而是从中学习，如此就会产生创新；这个道理适用于学生以及为他们研发项目的人们。

引导学生正确看待失败的价值

学生会因为对失败的看法而挣扎其中。这对有天赋的学生、完美主义者以及那些父母迫切望子成龙、望女成凤的学生而言尤其辛苦。所以，教师应该一有可能就利用机会讨论失败的价值。

让学生分析某个场景、引言或电影片段是让学生讨论失败价值的一个有效方式。譬如对年纪大一些的学生，可以分析和解读玛雅·安琪罗的名言："你可能遇到许多失败，但你不会被打败。事实上遭遇失败是必要的，这样你才能知道你是谁，从哪里站起来，如何从中走出去。"这句名言可以引发关于失败价值的批判性讨论或辩论。

对年纪小一些的学生，可以给他们展示一个电影片段后一起讨论。如前文提及，在迪士尼的《遇见罗宾逊一家》中有一个场景：路易斯有一个发明，即将花生黄油和果冻掺合在一起，结果失败了。（在YouTube视频网站找“《遇见罗宾逊一家》的失败场景”。）路易斯双手掩面，为自己失败的发明道歉，这时暂停视频，问学生以下一些问题：

- 男孩对他发明的结果作何反应？
- 你觉得他为何如此反应？
- 他接下来会做什么？
- 如果你是这个男孩，你会如何反应？
- 你认为房间里的大人会对这个情况作何反应？为什么？

继续展示视频的余下部分，大人们很开心地叫喊：“你失败了！你可以从失败中学习，如果一下子就成功，反而没能学多少。”继续让学生参与讨论：

- 大人为何如此反应？
- 他们说“你可以从失败中学习，如果一下子就成功，反而没能学多少”这句话是什么意思？你赞成这样的表述吗？为什么？
- 想一想某个时刻，你做了什么事，结果失败了。可以是做功课、学弹奏乐器、制作黏土锅、滑冰等任何事情。（给学生一个思考的机会。）现在想一想你如何面对失败。你放弃了吗？你试过另一种方式吗？还是再次以同样的方法尝试？你生气了？哭了？还是给自己鼓劲儿？
- 让我们做头脑风暴想一些能够积极应对失败的方式。我们没能成功时，我们能够反思或叩问自己什么？

此次班级讨论之后，继续回顾并反思这一学年学生对失败的反应。这个主题可以纳入写作任务、辩论或对人物、历史人物以及曾经失败过的科学家的分析。这样的学习体验可以真正影响一些学生，他们看到努力和辛勤付出最终会得到回报，因此也备受鼓励。除了讨论以下著名的失败案例，让学生想想案例中的人物经历失败的感受。有些学生可能乐意进行角色扮演。譬如，给学生一个类似情景："你是一名科学家，你的工作是发明最强力的黏合剂，但与此相反，你发现自己发明了一种可重新利用的黏合剂。你对此有何反应？"（这个实际上就是便利贴发明的例子。）

一些著名的失败案例包括：

- R. H. 梅西：梅西百货商店的创始人有过七次失败的商业尝试。
- 桑德斯上校：哈兰·戴维斯·桑德斯研发的著名的鸡肉被拒绝了1009次后才被一个餐馆接受。
- 托马斯·爱迪生：他对自己的理念做了1009次实验之后才发明了电灯泡。
- 便利贴：3M公司的一位科学家正在发明一种超强的黏合剂，结果失败了。然而，他意外地制成了一种可重新利用的、对压力敏感的黏合剂，后来被用于制作便利贴。
- 巧克力碎片曲奇：露丝·威克菲尔德是托尔旅馆的主人，她试着照菜谱做巧克力曲奇的时候，发现她想做的是烤巧克力。

之后她决定把甜巧克力弄成碎片，加入曲奇面团，她觉得这些巧克力在面团烘焙时会融化。然而，巧克力碎片仍然黏在一起。她最后没有做成巧克力曲奇，但通过这次失败却发明了巧克力碎片曲奇。

佐治亚·布拉格写的《知名人士的逆行人生》是写给初中生和高中生的一本好书。这本书突出讲述了14位知名人士——从蒙特祖玛到苏珊·B. 安东尼——犯下的错误。

分析作家和人物的学习任务范例

和你的学生一起做头脑风暴，列出一年来他们通过阅读认识的人物（小学和初中水平）或者做头脑风暴回想他们学过的作家（初中和高中水平）。在卡片上记录这些名字，将学生分成两人或三人一组。给每个小组一张写有人物或作家名字的卡片。（这时候可以有一些非常细微的差异性，给那些喜欢挑战的学生复杂一点的人物或作家卡片。）每个小组将通过成长型思维或固定型思维的视角分析人物或作家的行为、语言和书面表达。譬如，一些二年级水平读物中的人物可能包括《令人惊奇的格蕾丝》里的格蕾丝和《亚历山大和他的可怕的、恐怖的、不好的、非常糟糕的一天》里的亚历山大。

十年级英语课上的作家清单包括亨利·梭罗、拉尔夫·沃尔多·爱默生、艾米丽·迪金森、弗雷德里克·道格拉斯、F. 司各特·菲茨杰拉德和马克·吐温。教师可以在索引卡片上写被研究作家的选择项，然后将卡片发给学生。学生两人或三人一组讨论他们对作家的了解以及找出需要的额外信息。教师会让学生查找作家生平或作品中可能表明某个固定型思维或成长型思维的证据。学生必须准备具体的证据来证明他们的判断是合理的。譬如，某一组学生可能这么分享：

> 我们认为弗雷德里克·道格拉斯持有成长型思维，有许多理由可以证明这一点。一个具体的例子是他珍视努力和毅力，这个例子可以在《弗雷德里克·道格拉斯的自传》第58页找到；他解释自己如何以一个非传统的方式学习读和写——抄写刻在木材上的字母以及其他一些新颖的方式。他说："就这样，几年漫长、辛苦的努力之后，我终于学会书写。"弗雷德里克·道格拉斯一生中成长型思维的其他例子包括……

每个小组陈述他们的论点之后，将卡片大概分成三份：固定型思维、成长型思维以及固定和成长型思维兼有。接着学生可以边看分类，边开始归纳与成长型思维或固定型思维相关的作家、时代、文学哲思及运动。

一个类似的任务是在课堂播放真实生活或电影人物的视频片段。让学生讨论观看的视频片段，使用类似作家研究的图表让学生对人物的反应进行分类。

概念定位策略

概念定位策略受概念形成模型的启发而产生。跟系列策略相似，只是通常构建一个较为抽象的概念，只使用一张纸或智能板展示。概念定位可以通过电脑或视频片段剪辑形成，比较有挑战性的部分是决定用什么图像来传达概念。

概念形成和做关联有关，发现物件信息的关系，从中定义概念。概念形成是学习新想法要求的一个关键技能。有没有一个概念正好你的学生某个科目正在学，然后你想让你的学生用图像建构这个概念？选择一个较抽象的概念能够达到最佳效果。譬如，“关系”一词比“宠物”一词更有效。其他一些发展概念定位的指导方针如下：

- 一旦你选择了一个概念，做头脑风暴，想一想什么样的图像可以代表这个概念。
- 如果你用电脑进行概念定位，打开一个Word文档，往里头增添图像。可以用截图或插入在网上找到的图片。三到六张图通常足以构建一个概念。
- 在概念定位的中间放入一个文本框，写上：“找一对含有共同概念的物品。找三个含有共同概念的物品。所有这些图像都含有什么共同概念？准备好证明你的思考。”

接下来，在一个教学顺序里决定如何使用定位：作为预评估还是形成性评估？激活背景知识？作为学习新信息的工具？作为讨论的跳板？可能性是无穷尽的。

让学生安静地看着定位。给每个人指定的时间（2—3分钟），接着使用与下面类似的问题询问他们的想法（不然思维敏捷者会占优势）：

- 谁能找到两样从某种方式上看相同的事物？（听所有学生的回答。这时观察或聆听有没有答案在图像之间产生独特关联。）
- 谁能找到三样从某种方式上看相同的事物？（听所有学生的回答。这时观察或聆听有没有答案在图像之间产生独特关联。）
- 现在，让我们找所有图像的相同之处。（听所有学生的回答。这时观察或聆听有没有答案在图像之间产生独特关联。）
- 有人对于同样的概念会有一些想法，添加了更多东西，让我们听一听这样的想法。
- 请你们思考我为何给我们班选了这个概念。你们认为我们将谈论什么？你们认为我们正准备学习什么？（这个问题问的应该是策略的内容关联。）

你可能考虑发展的概念定位包括以下几点：

- **概念定位一：**具有潜能的事物。图像包括给花浇水、太阳板、大厦的蓝图、玩积木的孩子、一个展露肌肉的小孩，而对年纪大一点的学生可以是菠萝。菠萝展示了潜能，因为它们经常还没完全长熟就被摘下来，这样它们在被剥出果肉、切成片并装入罐头这一过程中尺寸能够保持一致。如果菠萝得以完全长熟，那么关于菠萝可能具有的潜能可以加入一个附加的讨论。会不会变

得更甜？果汁更多？会长成多大尺寸？将概念定位和讨论结合起来，然后回来讨论学生的潜能。（见图6.17）

- **概念定位二**：神经细胞网络：学习习惯有助于大脑学习。图像可以包括：两个学生一起学习（合作性学习）、一个为有效记忆而制作的背诵技巧表、一张关于各种闪卡的图片、一个被重复使用的数学公式，以及一个思考新的学习并应用到其他事物上的小孩。讨论完概念之后，学生可以以此反思自己的学习习惯，制订计划改善这些习惯。（见图6.18）

- **概念定位三**：集中注意力。可以帮助大脑精力集中的事物。图像可以包括：放着食物的盘子代表一顿好的早餐、一个表示没有电视或电子设备的图像、一个睡觉的小孩、孩子们在外面玩游戏，以及一个使用他或她的所有感官——听觉、视觉、嗅觉、味觉、触觉——的学生。讨论可以侧重为何这些事物能够帮助大脑运转并发挥它最好的能力。学生可以制订计划改善他们自己的大脑功能。（见图6.19）

教会学生乐观精神

乐观主义能教吗？让我们思考乐观主义的对立面——悲观主义。我觉得我们许多人在自己的人生中都有一个屹耳。记得屹耳吗？《小熊维尼》里头的那只小驴。屹耳总爱拖着脚走，看什么事都很悲观。我们当中一些人可能就跟屹耳生活在一起，一些人和屹耳一起工作，另外一些人跟屹耳交朋友。如果

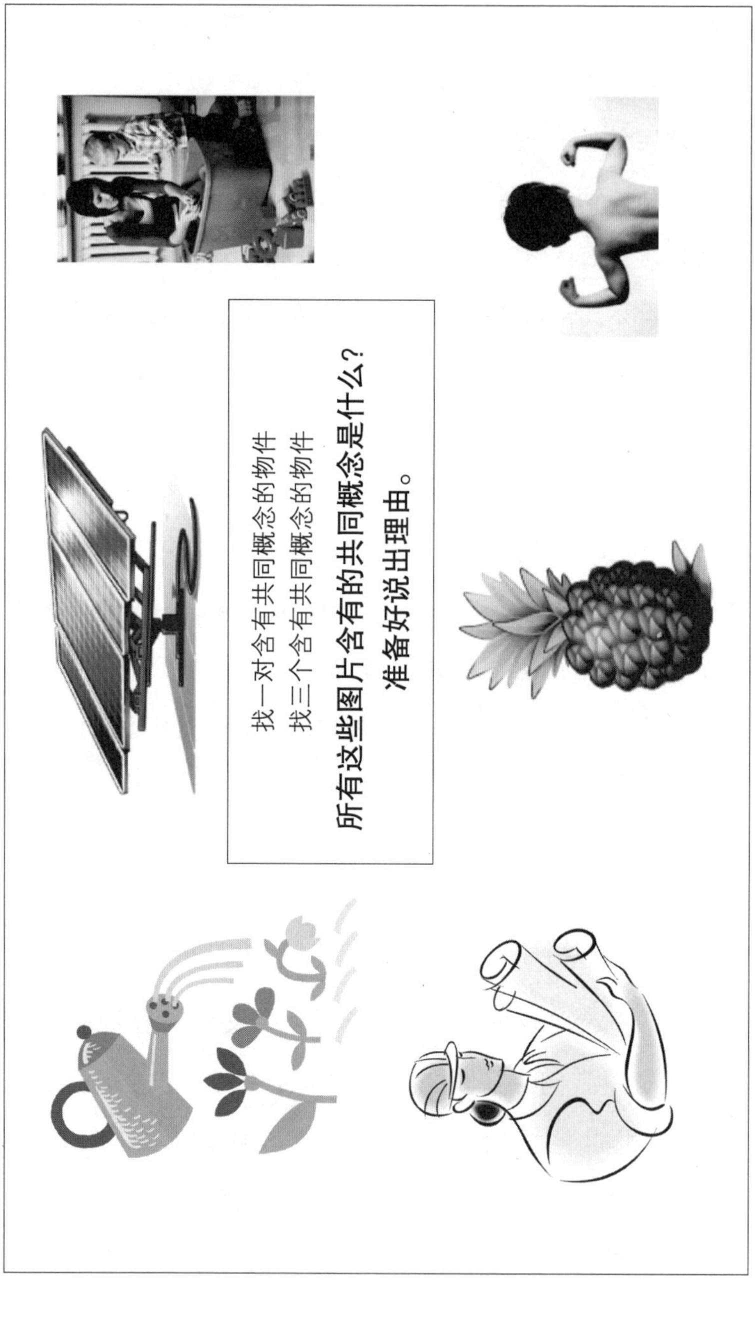

图6.17 概念定位示例

哦，
我明白了。
这将帮助保罗
解决康护问题。
我猜马梅可能
在计算机科学课上
使用这一工具。
我想一想还可以用哪些
别的方式使用呢？
找一对含有共同概念的物件
找三个含有共同概念的物件
所有这些图片含有的共同概念是什么？
我知道我可以在数学课使用。
H uron
O ntario
M ichigan
E rie
S uperior
QUIZMO
there
said
B

图6.18　概念定位示例

听觉
视觉
嗅觉
触觉
味觉
找一对含有共同概念的物件
找三个含有共同概念的物件
所有这些图片含有的共同概念是什么？

图6.19　概念定位示例

我们和屹耳待的时间太长会发生什么？我们可能会染上同样的行为！悲观是会传染的——你有没有参加过某个会议或某个职业学习时段，这时有人在桌旁开始抱怨："她不知道自己在说什么""这没有用的"或"这个新举措没几个月就会消失的"。许多时候，会议桌边的其他人开始采取同样悲观的思维方式。好消息是，和悲观主义一样，乐观主义也是会感染大家的。

一个乐观的大脑是一个快乐的大脑。神经科学家发现，持续消极或积极的想法和情感会影响大脑活动，并对学习产生影响。好消息是你可以训练自己的大脑，让自己成为一个更乐观的人。一个成长型思维教学的课堂是一个乐观的课堂，这是讲得通的。可以将一些相关的简单常规放入课堂来培养乐观主义。

首先是感恩日记。学生应该一周有几次机会来写他们的感恩日记。他们可以列出一些他们感激的事情，或者就他们感激的某件具体事写一两段话。我拜访的一个幼儿园班级，学生自愿与我分享他们的日记。他们写或画出自己心怀感恩的事情。我看到很多玩具、视频控制台、食物和家庭的图片。我注意到一个男孩画了一张手表的图片。我问他为何对手表心怀感激，他解释说事实上这是他父亲的手表，是小男孩的曾祖父送给父亲的。他最近发现这块手表有一天将是他的，而他意识到这是一块特别的手表，因此他对未来发生的事情表示感激。

去年圣诞节，我15岁的女儿决定送给她每个朋友一个感激罐。她给每个罐都装饰了一下，给她的朋友们留了一条信息，让他们每天都拿出一张小纸条（纸条由她提供），写一件他们感激的事。

然后在新年前夕，他们将聚在一起细数这一年的许多恩泽。教师可以在班上开展诸如此类的活动。每一天每个学生都能对一个提示做出回应，如“今天我遇上一件好事”，“我拥有美好生活的一个理由”，或“今天我对这些事情心怀感激”。学生可以将他们的回应放入个人或集体的盒子里。这项练习主要是为了训练乐观主义。让学生每天都看到好的一面，他们也因此让自己的大脑变得乐观。当然，乐观主义需要教师和职员每天都充当榜样并训练。

课堂和教学楼里设置的成长型思维提示

除了开设关于大脑可塑性的具体课程和使用网上资源，还可以想一想将信息纳入教学内容和课堂学习氛围的方式。以下是一些在课堂或教学楼张贴的视觉触发物，可以用来强化信息：

- 成长型思维的海报（见前文图6.14）
- 一个神经元或多个神经元的图片（或许神经元带有诸如耐德或耐莉的名字？）
- 成长型思维典范人物的照片：

  小学课堂：迈克尔·乔丹、奥普拉·温弗瑞、亚伯拉罕·林肯、曼德拉、贝多芬、贝比·鲁斯、弗雷德里克·道格拉斯

STEM课堂：梅·米杰森、阿达·洛夫莱斯、阿尔伯特·爱因斯坦、罗伯特·戈达德、比尔·盖茨、凯瑟琳·约翰逊、里兰·马尔文

英语或阅读课堂：艾米丽·狄金森、兰斯顿·休斯、阿加莎·克里斯汀、史蒂芬·金

- 启发式的引言也有助于形成成长型思维：

“我们保持向前进，打开新门，尝试新事物，因为我们是好奇的，好奇心一直引导我们走上新的道路。”

——华特·迪士尼

“你可能遭遇许多失败，但你不会被打败。事实上，你有必要遭遇失败，这样你才能够知道自己是谁，从哪里站起来，如何从中走出去。”

——玛雅·安琪罗

“许多人生的失败是因为人们放弃的时候没有意识到自己距离成功那么近。”

——托马斯·爱迪生

“所有以前的。没有什么了。曾经试过了。曾经失败了。不要紧。再试试。屡败屡战。”

——萨缪尔·贝克特

“不要让艰难与失败使你灰心或筋疲力尽，你要因此受到鼓舞。让这些困难使你变得更渴望成功。”

——米歇尔·奥巴马

“譬如为山，未成一篑；止，吾止也。譬如平地，虽覆一篑；进，吾往也。”

——孔子

“任何事情没完成时，看起来似乎都不可能完成。”

——纳尔逊·曼德拉

“不要将一次失败和最终的失败混淆起来。”

——F. 司各特·菲茨杰拉德

“你一旦学会放弃，这将成为习惯。”

——小文斯·隆巴尔迪

学生制定目标

所有年龄的学生都应该参与制定学习目标并努力实现这些目标。有一个很棒的地方可以开启成长型思维目标的制定。一旦学生开始学习成长型思维的一些信条，他们就可以制定个人成长型思维目标。不管是成长型思维目标还是学业方面的目标，这些目标应该都是过程性目标而不是最终结果的目标。我们不说“我的目标是英语考A”，相反，应该说“我的目标是老师布置选篇，我马上阅读并重读我不理解的选篇”。成长型思维目标可以不用太具体化；以下是笼统一些的成长型思维目标的例子，从《课堂可以使用的思维资源》改编而来：

- 我会复习发回来的作业并修改或重做来提升它。
- 当我被困住的时候，我会使用各种策略（看过去的功课，复习笔记，使用线上资源）。

- 如果我还不理解某个概念，会请老师课后帮忙解释。
- 如果提交的作业不需要太多努力，我会问老师要更有挑战的作业。

看看图6.20凯瑟琳的成长型思维目标。她发现自己一遇到哪怕最微小的困难也会想着“我做不了这个”，所以她想努力改变这个想法。

关注以成长为导向的人们的具体行动

了解在人生中展现成长型思维的人们，这对学生可以起到强有力的促进作用。在某个活动中，我有幸得以跟宇航员里兰·马尔文聊天，我们正好都是那次活动的主旨发言人。（这是会议策划者深思熟虑的主旨发言——了解思维方式，然后通过某人的亲身经历了解如何实现成长型思维。）当马尔文谈论自己的人生时，我忍不住想到自我恢复力、毅力以及坚韧这些概念。在我们听说“创客空间”这个词之前，里兰就在这样的空间成长。他分享了一个故事：他父亲买了一辆送面包的旧卡车，然后全家人在那个夏天一起不辞辛劳地将这辆卡车改装成房车——里头有床、电以及水管！这不就是我们常聊的基于项目的学习嘛！

里兰在他的人生中也遇到过障碍：他在大学是一名明星足球选手，被底特律狮之队录用，但由于受了伤，被迫退出。接着他被达拉斯·牛仔选中，但又再次受伤而结束了他的足球生涯。然

我的成长型思维目标

姓名 凯瑟琳 日期 9月7日

成长型思维目标：我不会这么想或这么说："我做不了。"

我希望到期达成自己的目标：9月18日

我会采取的有助于达到我的目标的策略：

当学习对我来说太难的时候，我将设想神经元试着在我的大脑里联结。当我开始想我做不了的时候，我将试着坚持直到弄清楚事情。如果这些都不管用，我将寻求帮助。

检查：这个成长型思维目标我进展得如何？日期：9月14日

❑我已经达成这个目标 ❑我已经部分实现这个目标 ❑我还没实现这个目标

我做了一件什么事情让我意识到我已经达成、部分达成或者还没达成目标。

每当我遇到挑战的时候，我的大脑自动想"我做不了"。我不想犯错，所以我放弃。

尝试我的新成长型思维目标的一些新的策略：

每次这样的情况发生的时候，我会劝自己不要持有固定型思维，而是拥有成长型思维。我将提醒自己犯错是学习一些新知识的一部分。我将在我的桌角放一张神经元的图片，提醒自己每次我努力思考的时候我的大脑将变得更强大。我将把我的目标日期调整到9月30日。

如果你有一个新的目标，再用一张新的成长型思维目标表。

图6.20 成长型思维目标的样本

后由于他在某次训练中耳朵受伤造成听力丧失，所以他的宇航员事业生涯被迫中止。但是尽管遭遇这样的挫败，他还是最终到太空去了。里兰的人生经历了许多跌宕起伏，但他仍然坚持。

学生可以调研了解展现固定型思维或成长型思维的人们。在他们的研究中强调非认知技能影响他们的人生。如果里兰在他失去听力之后放弃他在NASA的工作会怎么样？他的人生将会有何不同？

另外一个可能是西蒙・罗迪亚，他是意大利移民，在加州创建了奇妙的华兹塔雕塑。他坚持了30年，用破旧的碗碟和陶瓷制作了美丽的马赛克。绘本《一些大梦想：华兹塔的故事》（阿斯顿，2011）讲述了罗迪亚的故事，作为讨论毅力和动力的一种方式，可以讲给所有年龄的孩子们听。他辛苦这么多年创建华兹塔的动力是什么？

有许多方式可以在课堂继续构建成长型思维方式。最重要的元素是传递的信息要保持一致。下一章提供一些维持成长型思维文化的方式。

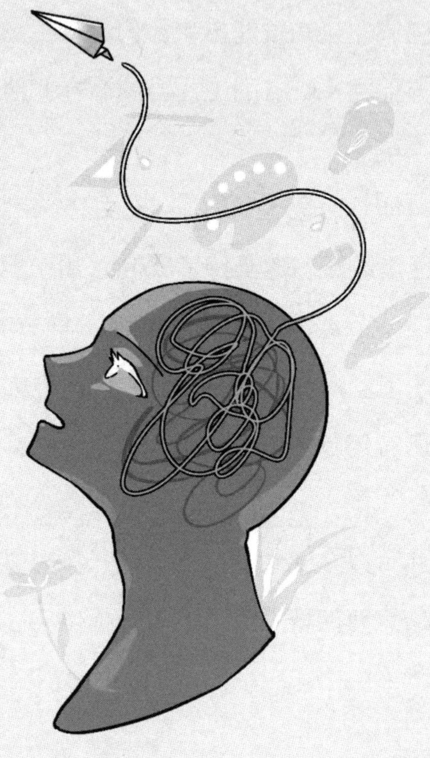

插画者：罗俊翕　北京第一实验学校

第七章

天赋优势教育和成长型思维教学是否可以共存

> “我觉得如果我得努力学习，我肯定没有天赋。”
>
> ——七年级学生

你可能会问：为何一本关于思维方式的书会包括一章关于“天赋”教育的内容？因为这是许多班级普遍存在的一个重要议题。议题是参与高阶学习时这方面存在障碍。障碍存在的其中一个主要原因是“天赋”这个概念强调并重视已经发展的能力。如果一个学校或体系考虑让学生参加高阶学习项目的时候，非常看重已经发展的能力、才能或表现，那么将会忽略许多学生。根据报告：

> 如果生活在文化氛围浓厚的家庭或社区，那么阅

> 读、写作以及语言会被认为是学术成就的关键，但有些孩子没能生活在这样的家庭或社区，因此判定让学生参加高阶学习的这个过程经常不能鉴定这些孩子。在许多案例中，本来有能力的孩子可能无法在某项测试或其他表现评估中展示他们高阶学习的潜能，直到他们得以接触有挑战的课程和丰富的学习机会。

思考最后一个短语——“接触有挑战的课程和丰富的学习机会”。你所在学校或校区的学生，如果他们没有展示已经发展的能力，还有这样的机会吗？你所在学校或校区允许所有学生，尤其那些有成功的潜能与动力的学生，接触有挑战的教学体验吗？

天赋优势标签

现在让我们想想给孩子贴上“天赋优势”标签的做法。告诉孩子她是有天赋的，这难道不是固定型思维的做法吗？这要回溯到成长型思维式表扬的重要性。成长型思维模式的表扬是表扬一个孩子所做的，而不是他是什么样的。我们绝不会说：“你真聪明。”这样说意味着说“你是有天赋的”，二者传递了同样的信息，即孩子有永恒的特征，而且那些特征被判定过了。

卡罗尔·德韦克进一步解释：

> 年轻人相信他们有天赋，因此他们是聪明的或者有

> 才能的，这样他们就可能不会努力学习来保持才能，更有甚者，许多学生仍然收到天赋标签，而他们的父母又对此欣赏，这样可能让一些入学的孩子变得过度谨慎而逃避挑战，以防自己犯错，配不上这个标签。

2012年5月，在巴尔的摩召开的一次针对教育者的会议上作主题发言时，卡罗尔·德韦克也分享说："太过强调谁有天赋会让孩子们认为他们是万无一失的。"认出有天赋的学生，并将他们组合在一起，这有助于成长型思维的文化吗？这些做法会向那些被认为有天赋的学生以及余下的学生传递什么信息？

戴比·希尔弗以前当过科学课的教师，现在是大学教授。她写了一本名为《跌倒7次，爬起来8次》的书，在书中她分享了自己的一次亲身经历，即儿子被认为是天才的事。儿子读四年级时被选进一个天赋和才能新项目，她为此感到骄傲。然而，她观察到儿子参加这个项目让他产生一种理所应当的感觉，即他比其他人聪明：

> 有时候，我无意中听到他所在的天赋班的孩子对他们的同学说了一些诋毁的话语，认为那些同学"不太聪明"。我认为天赋项目的设计者应该注意思维方式，而且注意鼓励学习者的成长型思维而不是固定型思维。

希尔弗继续说，她感到儿子不能像大多数学生那样真正享受学习的过程，因为他总有这样的心态——“不负期待，每件事都做到最好。他通常喜欢能够反复地赢得游戏，对那些他不能够马上做到最好的领域很快就失去了兴趣。”这些讨论已经进行很久，然而还是没发生什么变化。《天赋孩子季刊》（2012年10月版）有这么一篇文章，即《基于心理科学对天赋教育的提议》。文章作者（苏博特尼克，奥尔则温斯基-库比柳斯和沃雷尔）针对天赋教育的现行做法提供了很多令人思索的提议，或许其中一个更值得注意的点映射了成长型思维的信念：“决定个体具有天赋与否不在于他们是什么样的人，而在于他们都做了什么。”这是向努力致敬。文章作者继续解读天赋：“越来越多的文章重视才能的发展，有人争论将孩子们的天赋描述为潜能可能最好。”作者接着描述这样一种持续发展观：一开始是潜能，发展到成就（许多人认为这就是“天赋”之处），结果可能或不能让才能得以完全发展，或者正如作者所说——达到“卓越”。在发展的每一个阶段，教学必须回应学生的需求。在第三个阶段，即卓越的达成阶段，学习者必须有机会发展他或她的强项以及以独特的方式发展主要且具体领域的能力。作者建议这些主要且具体的强项应该是教育工作者帮助进一步发展的领域，即使这意味着在初中介绍高中的主要学习内容，在小学介绍高中的主要学习内容。

思考以上提及的研究，教育者和家长应该慎用天赋标签。首先，毋庸争论的是并非在各种传统和非传统的领域所有孩子都具备“天赋”和“才能”。教育者应该有节制地使用“天赋”这个词条。或许当学生达到卓越阶段时，或者当孩子在他的同龄同学中相当突出，而且他的学习需求远远超出所在年级的水平时，需要一个非常不同的教学场景，天赋的标签才可能用上。

与其过度使用“天赋”这个词条，不如考虑使用其他的词或短语，如“高潜能”的学习者或者“动机强烈”的学习者。每个人的潜能都需要培养，因此可以多用“潜能”这个词，而不是“天赋”。更好的做法是给学生接受的服务贴上标签——高阶学习项目、学习内容加餐集锦、高等数学等——而不是给孩子贴标签。另外，当学生的教学需求不断得到满足时，“天赋”这个标签也变得不重要了。学校应该采用如第三章所述的差异化、响应式的教学模式。教育者必须努力发展每个小孩的才能。如果学生的需求在教学过程中得到满足，那么将有“天赋”的学生分成一个独立小组就没太多必要了。

早期能力分组

幸好美国大部分学校没在小学阶段就开始主观地将孩子分入独立出来的天赋班。那些设有天赋班的学校，不管对天赋班的学生还是非天赋班的学生，都没什么益处。对于进入天赋班的小学生，一直存在固定型思维的情境——“我是聪明的，因此我最好不要失败。”——而且在许多案例中，这些学生将躲避在智力上冒风险的机会，就像戴比·希尔弗描述她在读四年级的儿子的情况。而且如此分班给非天赋班的学生又传递了什么样的信息？

我自己就亲身经历过这种分班带来的消极影响。在一个郊区学校，四年级的学生被分成三个班。两个班称为“四年级天赋班”；最后一个班级是余下的学生。许多有见识的家长都希望他们的孩子进入天赋班，而且会尽自己所能让孩子都搭上“天赋”这趟快车。这个学校采用主观的方式分班，没给学生做认知评估，而是严重依赖学生已经发展的能力分班。普通班的课程和天赋班的课程在四个主要的内容领域——阅读、数学、社会研究和科学——区分开来。

普通班有个学生家长给学校天赋办公室打电话，描述她女儿罗莎在普通班的经历。你可能一开始认为她打电话是为了让自己的孩子进入天赋班，但情况不是这样，家长觉得带有差异性的普通班对她女儿来说正合适。家长汇报说，自从四年级分出了天赋班，罗莎经历了很多变化，尤其是她看待别人对她的期待。罗莎感到所有聪明的孩子肯定都在另外两个班级，因此学校教师不认为她有能力。罗莎的观点（或许她学校的教师也是这么想的）是她的老师没有对她抱很高的期待值，对她班上的其他同学也是如此。这个做法的结果是，她不相信自己能够变得更聪明，即使做到最好也不行。罗莎被放在一条轨道上，而这条轨道导致她认为自己不能接触不同的、更有挑战性的学习机会。对于那些没被选入天赋班的学生，信息如此清晰响亮：“我们没有对你们期待太多。”

一些“天赋”学生的家长可能争论，不仅要设置小学阶段的天赋班，而且这些班级应该排他，因为其他学生的能力可能还没完全发展，可能拖他们孩子的后腿。他们认为学校政策和办学理念必须为那些学得快、天生“聪明”或已经“达到目标”的学生制定。许多校区的天赋政策导致了固定型思维。这些政策导致学生、家长和教育者相信在早期将孩子分类是好的做法。并非如此。在孩子年幼时回应他们的学习需求，这是不容协商的做法。需要透过潜能和可能性的视角持续观察和评估学生。教育者能认出学生身上的智力火花并提供合适的挑战。在每一年级，在每一个内容领域，不管什么时候，只要孩子们需要，都能够接触有挑战的学习。从幼儿园到小学二年级，每个场景都应该设有关注构建推理能力和毅力的早期天赋发展体验。

在孩子年幼时回应他们的学习需求，这是不容协商的做法。

根据这个说法，有一些不同寻常的小学生需要一个学习场景允许他们进一步发展天赋和才能。这些就是沃雷尔博士提及的“罕见和非同寻常”的孩子。所有学生都需要学习伙伴。这是对的，尤其是当某个学生在能力方面特别突出的时候。如果学生在邻近学校没有学习伙伴，学校和体制确实需要想办法来满足学生的需求。在中等或大范围地区，应该为这些出众的或高天赋的学生设立一个中心。或者从四五年级开始，为那些当地学校没能满足他们需求的学生在中心地区设立教室，这些中心能够给这群学生提供机会满足他们的学习需求，让他们深度发展某个具体领域的强项。这些中心也应该能够组织一个学习小组，安排支持天赋教育或有相关证书的教师担任中心的老师。

此外，也不能忽视这些学生的社会和情感需求。最好是当一些尖子生面对社会和情感的挑战时，有相关专业知识的指导老师帮助他们。这些挑战包括但不限于不同步发展、过度兴奋、完美主义以及适应一所不熟悉的学校等议题。那些天赋教育领域的老师多年以来都赞成这些独特社交情感需求的重要性，但在天赋教育这一领域中正在发生一些有趣的事。我开始读更多的研究，参加一些讨论，建议或许这样的社交情感行为有一些，尤其是过度兴奋，可能在天赋学生这个群体里并不普遍。（应该注意的一件事是达布罗夫斯基发展积极分裂理论，俗称多动症，这时他的关注点不是天赋，而是杰出的个性发展。）我打算静候并注意（带着成长型思维）未来这些研究将引领我们走向哪里。

不管学生在哪里受教育，这些场景都应该设置好差异化、响应式教学策略，也应该有一系列背景知识、机会和能力。我记得接过一位校长的电话，他担心天赋班里的一名学生。这个孩子正在掉队，校长考虑让他退出天赋班。为了获取更多信息，我开始提问。第一个问题是关于差异性——那个孩子在预评估中表现如何。我也问及课堂灵活分组的活动。校长回答说："你难道没听我说吗？我说这是一个天赋班。我们不在天赋班搞差异化。"这个回答清楚地告诉我一些教育者如何看待高阶班的学生——他们同等对待每一个学生。

在小学阶段，大多数学生的需求必须在有灵活学习小组的响应式、差异化的课堂上得到满足。在初中阶段，由于招生人数比较多，分出同等智力小组的可能性比较大，因此，提供的教学选择可以是"标准"和"高阶"、"加速"、"丰富"或"荣誉"课程（注意，没有班级被列为"天赋"）。应该期待所有水平的课程都实行差异化、响应式的教学。参见第三章关于在所有课堂创造差异化、响应式教学方式的概述。

如果学生相信通过努力和毅力，在有挑战性的教学环境里会成功，那么他们更可能成功。这一点在美国天才儿童协会（NAGC）发表的《解开才能之锁报告》中得以证实："如果学生认为他们可以胜任高阶课程，教师也认为他们能够做好，那么他们更可能通过更多的努力和坚持从挫折中站起来。"

在2023年6月，美国高阶教育工作小组发布了一个报告：《构建一个更广阔、更多样的高阶学习者渠道》。这个报告聚焦传统意义上不受关注的孩子群体，这些孩子不容易接触丰富和加速的教学。尽管这个报告聚焦美国的学生，其他国家也存在同样的挑战。这个报告用以下陈述设定阶段：

> 在我们更需要人力资源的时刻，美国已经花费大笔人力资本并挥霍巨大数量的人力资源潜力——许多浪费

> 都发生在很早就看到他们的机会受到限制、他们的潜力被挥霍的群体当中。我们正在谈论的是聪颖的学生、高阶学习者、努力的学生以及那些有很高潜能但尚未挖掘出来——尤其是那些非裔、拉美裔、印第安原住民、低收入或来自其他被边缘化的背景的学生——我们的学校并没有很好地满足他们的教育需求。结果不仅是对那些少数族裔的学生以及来自低收入家庭未被关注的学生的学习和成就设立了不必要的障碍，而且如果美国想成为有竞争力、繁荣、安全、平等、民主的国家，在这些挑战的时刻，学习成绩好的学生所走之路应该更宽、更多样化。

报告提供了许多建议——其中一个突出的建议如下：

> 力求包容，如此尽可能多的学生可以从中受益。应该侧重探讨学生是否有需求或从某个服务中受益。当这一点不清楚时，学校应该有意支持学生接触更高阶的学习群体。所有这些将避免由于人为和武断造成的资源不足。

构建自己的优势教育哲学

反思你所在学校或学区的天赋哲学。如果你当前没什么想法，考虑建构的天赋哲学包括以下几点：

• 天赋的概念是强调潜能和可能性。使用的词和短语如：接触、潜能、发展、培养、动机、所有学生、响应式、信念、才能发展、期待。

• 课程发展涵盖预评估和形成性评估，以及发展和观察包括批判性和创造性思考的才能或潜能的实践与策略。

• 对潜能认识的认同过程包含各项内容、使用一系列的标准、使用当地的方式、不依赖参照或者指名——必须收集所有学生（而不是仅限那些被推荐的）的数据。这个过程必须涵盖直接的教学内涵，而并不是一个“独立出来”的过程。

• 认出学生的需求，以及如何通过教学和社会情感指引满足他们的需求。天赋优势标签并不重要，理念应该是对学业需求的回应。

• 差异化/响应式教学总是考虑到针对所有学生丰富教学内容的可能性，以及加快学习内容的进度。记住，这是所有学生都可以接触的，而不仅是那些带标签的学生。

如果一个学校或学区的天赋教育哲学采用了成长型思维，可能听起来如下。

学前班—幼儿园—十二年级的学生将有：

• 课程涵盖发展潜能的策略，允许才能的发展，融合21世纪的学习技能，培养所有学生创造性和批判性认知能力。

• 所有学生都能接触丰富的教学内容和加快教学进度，尤其是那些有能力、潜能和动机迎接挑战的学生。

- 教学回应所有学生的需求，包括预评估、课程紧凑、灵活分组、严格的丰富内容和加快进度的体验、有所区分的形成性和总结性评估，以及施行差异化因材施教、响应式教学。
- 教育者采用一个信念体系以契合关于心智可塑性的成长型思维，并内化神经科学研究的证明，即有一个恰当的教学菜单，加上毅力、努力和学习者的动机，每个人都能变得“更聪明”。

对于那些真正出众的学生：

- 与同龄人、同样经历和同种环境的学生相比，那些证明能力不同寻常的学生，以及在一个普通教室需求得不到满足的学生，他们需要一个特殊的教学环境。

注意到上面的文字表述吗？根本没有具体提及“天赋”一词。发展的并不是天赋哲学，而是针对所有学生的教学哲学；致力于差异化、响应式教学、课程发展以及教师的信念与期待。除了最后一点——满足出众学生对学习伙伴的需求，所有其他点都是关于强烈的、差异化、响应式的教学——每个学生都有资格享有。每个学校或学区的目标是发展一套教学哲学，既满足最高阶学习者的需求，同时也允许所有学习者接触不同的学习机会。

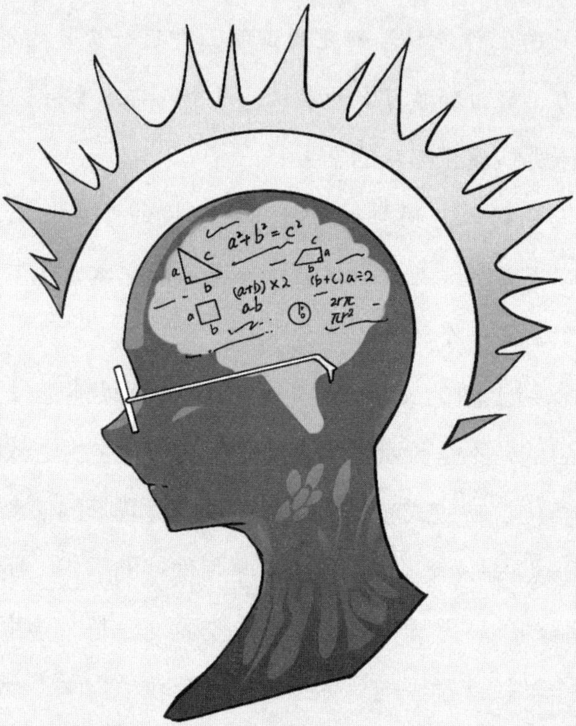

插画者：罗俊翕　北京第一实验学校

第八章

开发一个与家长分享成长型思维的信息通道

“你可以向我爸妈解释失败的价值吗？”

——十一年级学生

前往成长型思维校园文化道路上的另一站，是开发一个与家长分享成长型思维与智力可塑性的信息通道的计划。即使一个学校或学区正在建设成长型思维环境，让家长接受成长型思维教育也很重要，这样孩子们在家里能够听到一致的信息。事实上，由于许多教育者都在问有没有更多的资源给家长使用，《给家长的思维方式：鼓励孩子成长思维的策略》（2024年出了新版）这本书诞生了。撰写这本书的目标是让它成为《可见的学习与思维教学》的姐妹篇——随着学校踏上构建成长型思维环境的旅程，家长可以学习构建成长型思维家庭环境。给家长的这本书包含了研究问题，如此不需要每次都让学校职工为家长的聚会准备，家长可以自己带头研读该书。我也很开心到家长读书俱乐部的读书会转转——我喜欢和家长讨论思维方式。

家长经常挣扎于“天性—教养”的辩论中，然后将孩子的成败归因于基因。临床心理学家、作家奥利弗·詹姆斯表明：“基因很大程度或全部决定了你和你的孩子是什么样的人——单纯坚持这样的想法是有害的。”父母、教师、教练、童子军领队以及其他成人角色榜样绝不该将看到的能力怪罪于基因。如果大人在小孩的人生中从言语和行动上对孩子传达了低期待值，那么孩子获得的成就将大打折扣。

教育家长关于智力可塑性的第二个目的是为了家长自身。根据作家、人生导师约耳·F. 韦德的理论：

> 拥有成长型思维的家长也可能参与更有挑战的任务，坚持下来并从困境中恢复。
>
> 拥有成长型思维的管理团队比那些持有特质导向思维方式的管理团队做得更好……同时有趣的是我们会注意到拥有成长型思维的人对自己的表现和能力有非常精确的评估。那些带有固定型思维的人对自己的表现和能力的评估非常不准确。

关于成长型思维和固定型思维的信息，鼓励自我恢复，基本的大脑运作知识以及表扬孩子的方式，这些是可以和家长分享的基本概念。如此一来，孩子能够从家长那里听到一致的信息，这将极大促进“我能做”这个态度的发展和维持。可以通过将信息发布在校园网站、社交网站、新闻导语、校长咖啡时间以及/或家长信息夜来完成。

建构自我恢复能力

关于鼓励孩子自我恢复的重要性是和父母交流的中心信息。父母经常忽视帮助孩子学会适应这样的情境：遇到困境或没能成功。跟一个孩子说：“你总是在玩电子游戏，难怪那个考试没考好。”或者“你一开始就不该加入那个团队，你知道你做不长久的。”这些都无助于自我恢复的建构。孩子们最终会避开他们没什么把握成功的事情，而不是将这样的情境当成挑战。关于建构孩子的自我恢复能力有以下一些建议：

- **使用成长型思维方式表扬孩子。**总是表扬孩子乐意尝试、付出努力、耐心以及坚持练习。不要将成功归因于“聪明”或者“优秀”，而是归因于努力及坚持不懈。

- **示范灵活性。**古语云：“我们一计划，上帝就笑了。”作为大人，我们知道这是真理。然而小孩或青少年不一定天生就具备灵活性或适应性，因而不一定总能从容应对计划的改变。当我们建构孩子的自我恢复力时，能够调整目标并改变计划是重要的。我们能做到最好的事是传达这样的信息：改变是人生的一部分。

父母可以作为孩子的榜样，即当事情没有如他们所愿时，采取灵活性思维。譬如，如果一位家长计划去游泳馆，却发现游泳馆因为修缮没开，那么他或她可以立即示范灵活性，选择另一个活动（或者给孩子提供一些别的活动让他们自己选）。在日常生活中采取这个态度对父母来说也很重要，尤其是不要让令人沮丧的情绪占上风。

- **在家里秉持“还有半杯水”的心态。**我记得有一次儿子遇到一系列挫折，他开始有了“苦难的我”这样的心态。后来我走到橱柜前，拿出一个杯子，装了一半的水，问他：“杯子是装满一半的水，还是有一半是空着？”联想到自己当前的处境，他回答说：“有一半是空着。”我问：“你能喝到水吗？这些水能够解你的渴吗？”他回答说，可以的，这两样都能做到。于是我趁机将此与他经历的挫折作类比。即使处于困境，我们都得保持积极性。一个带着“希望”的小孩相信大多数情境都有积极的一面。父母自己遇到挫折的时候也必须做出积极的榜样，不管是口头上还是行动上。就我儿子的情况，不必多言——我需要做的是将杯子拿出橱柜，装一半水，把杯子放在桌上……现在他明白我的意思了。

- **帮孩子们找到自己的天地。**一个成功的孩子也应该是一个自信的孩子。有时这意味着需要尝试很多不同的事物，孩子才能找到他/她可以大显身手的领域。这并不是给孩子报各种班，让孩子参加每项运动、每个俱乐部，而是给孩子提供机会，让他们体验各种事情：做饭、剪报、围棋、集邮、摄影……你懂的。

教家长多了解大脑和成长型思维

和许多教育者一样，家长在学习新事物的时候，对于自己的大脑发生了什么，一般没有概念。给家长讲解关于神经关联的知识，这样他们就知道练习和坚持的重要性。第六章提及的学习体验、学生学习的过程，让父母也参加其中一些活动，这能有效地让家长参与其中。甚至可以鼓励学生将他们在这些学习任务中创造出来的材料带回家，与父母分享，向父母解释大脑如何运作。里奇的《可见的学习与思维教学（教学资源版）》包括在家里创建成长型思维环境的想法。这些想法被分为七个部分，如此可以每七周或七个月每次都带一个不同的信息回家！

家长如何跟老师交流有关成长型思维的信息

许多家长很自然地把成长型思维当成自身的一部分。在“固定型思维”和“成长型思维”这两个词条出现之前，比起成就，一些家长更重视孩子的努力和毅力。难题是有些家长面对的是学校传递的信息跟家里的不一样。家长与孩子所在学校沟通时可能关注的是孩子可以接触的机会。如果家长感到由于教师对孩子的期待值低，他或她的孩子没能接触有挑战的学习机会，那么应该就此讨论一下。可能学生当前所处的位置没错，教师也通过持续开展的测评以及对学生的观察给学生提供机会。然而，也可能是因为教师对孩子智力的感知，或者可能是老师没有一个差异化对待、所有学生都有机会的课堂，因此学生没有机会接触更高层次的学习体验。这对家长来说是更有挑战的情境，因为在家长会沟通智力可塑性的概念不太合适。不过，和教师的谈话可以包括以下几点：

- 克里斯托弗如果感到自己受到挑战，学习会变得更投入。
- 我注意到克里斯托弗对于需要批判性思维的作业往往完成得更好——你注意到同样的情况没？
- 克里斯托弗喜欢挑战。我注意到他面对挑战的时候更有动力。
- 接触更高层次的思考任务，克里斯托弗需要做什么？

家长必须根据教师和学校行政人员的开明程度来估量分享信息的层次。至少，家长可以拜访校长办公室或给教师或行政人员发邮件，传达这样的信息："我发现了这本/篇关于思维方式和教育的有趣图书/文章，您可能也会觉得有趣。"家长通过邮件发送这些资源或链接。

然而，事情并非总是如我们所愿。譬如，在一次家长和教师见面会中，我跟一位教科学的教师说，我的孩子觉得自己不能胜任科学这门课，部分原因是先前在这门课上的不愉快体验。（教师曾跟孩子说她不是学科学的料。）当然，我分享这个信息是希望教师有所回应，能够向我确保他会向我的孩子传达积极的信息，尽可能帮助她，表扬她付出的努力。呃，结果并非如此——教师的回应是——我等了等他的回应——"噢"。没错，他只是说了“噢”。

然后我试着和他讨论成长型思维。结果成了我自说自话。那时我就决定要自己掌控局面，而且花工夫提醒女儿关于智力可塑性的道理。关于成长型思维模式，我跟女儿谈过许多次，但现在所有的谈论都针对科学这门课。通过这次见面会我意识到几点——学生在学校真的需要听到和感受到同样的成长型思维信息，这个最重要。孩子从家长这边单方面听到成长型思维模式是不够的。学生需要教师相信他们，就像需要家长相信一样。我吸取的另外一个教训是，如果你对一个12岁的孩子翻来覆去地说同样一件事，她会感到厌烦，结果你得到的将是制止的手势和一句抱怨“打住，我已经从你这儿听了上千遍了，没有用”。事后看来，我本该和孩子的教师再见一面（带着关于思维方式的研究成果），再做最后一次尝试，与老师分享关于智力可塑性的研究，希望老师能够调整他传递的信息，即当他回应学生在科学课的表现时，多夸奖学生付出的努力。

在教师并不理会整个成长型思维/智力可塑性理论的情况下，我们请他们做的是：至少说一些重视努力的话。一位校长曾经分享：他有一位教师不相信有关成长型/固定型思维模式的研究。这位教师认为每一年她的班上只有几个能力强的学生。她评价说，多年来班上大多数学生的水平都处于一般或一般以下。校长让她继续和同事交流，给她一些关于神经可塑性和成长型思维模式的附加资料，提出和她继续讨论。但与此同时，校长让她做两件事。首先，让她在班级里只用成长型思维话语表扬学生所做的，而不是夸奖学生是什么样的——换言之，根据学生付出的努力进行表扬。其次，他让这位教师给所有学生机会参与更高水平的学习经历，尽管她认为学生都还没准备好。这位教师并不欢迎成长型思维，校长让她完成的两件事也许会对她的学生产生积极的影响，她仍然认为这么做根本不是理想的方式，只是一个补救，直到这位教师自己真心感受到这些改变带来的积极差异，然后真正接受这个理念。鉴于我也有成长型思维，因此我相信只要她付出努力、保持毅力，以及与恰当的人合作，这位教师终将采用成长型思维。

发现家长们都在想什么

在某个校区开展“成长型思维：家长信息之夜”后，收集了家长评价，目的是了解家长听到信息之后的思考和计划。这里有些他们分享的评论：

- “我想着儿子不怎么努力就获得成功；现在七年级了，材料变得越来越难，需要更多的努力。我需要促进他成长型思维的发展，同时让他保持信心。他喜欢自然而毫不费劲的完美。”
- “我没有鼓励女儿在数学方面发展成长型思维，她说她不喜欢数学，而且也不擅长。我没有反驳她的说法。当她学习遇到难点的时候，我需要更耐心。”
- “我需要真正评估自己表扬孩子的方式。我需要在说话之前更加自我控制。我对孩子们付出的努力非常骄傲，但我不确定他们现在是否知道这一点。”

在成长型思维信息会谈之后收集家长写好的反馈将带给你数据，进而帮助你开展下一个会谈。用半张纸写两个简单的句子：“这个会谈之后，我思考……”“作为这个会谈的结果，我正计划……”这可以提供许多有用的信息。

你也可以让家长承担类似的任务，在职业发展时段给老师的那些任务（见第二章）。让他们写下参加工作坊之前他们对智力的看法，工作坊开展之后让他们比较答案。让他们能够学以致用，和他们的孩子聊天时改变他们说话的方式。

在纽约的斯塔藤岛，大学文化素养教练萨姆（普拉萨玛）·拉瓦尔在里士满港远见学习学校组织了一个家长读书会，（纽约市公立学校）使用《给家长的思维方式》一书。

这所学校买了一系列书给家长读，读书会成员每周五早上送学生上学后会面一次。一开始是萨姆带着大家讨论前面几章；她找了视频和其他资源作为每个章节的补充材料，和家长们（还有一些祖父母）有很棒的讨论。从第三章开始，家长结对子，轮流主持章节的讨论。他们也找来一些补充资源，添加到讨论中。很幸运我被邀请参加其中一个讨论，家长们讨论的深度、提出的深思熟虑的问题令我完全震撼。这是让家长热烈参与的模式。我的建议是明年继续跟新的家长群举办这样的读书会，家长当中可以推出一些人担任领头羊。

让家长了解努力和坚持不懈的重要性。学生也可以负责采访他们的父母关于智力的想法。孩子们事实上是帮助家长真正理解头脑可塑性的催化剂。

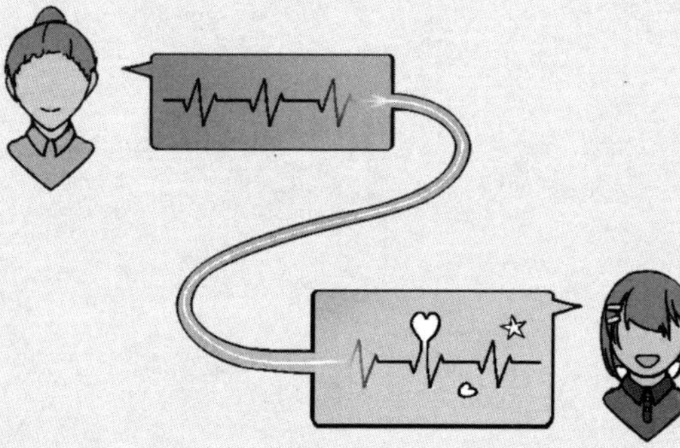

插画者：罗俊翕　北京第一实验学校

第九章

如何建设成长型思维的校园文化

“所有的神经细胞都在我的脑袋里联结，我想我的脑袋快要爆炸了。”

——二年级学生

对于思维的重要性，每天再怎么坚持强调也不为过。保持毅力和努力对一些学生来说是一种挑战，需要一直提醒他们能够获得成功。维持成长型思维校园文化的具体计划，必须纳入学校年度提升计划以确保计划的执行得到督导。每次员工会议，至少应该留15分钟的时间集中讨论你们学校成长型思维文化的维护。辨别出强项领域以及需要改进的领域。

成长型思维校园文化常被忽略的一个方面，那就是课堂的学习环境。一个成长型思维的课堂必须是一个安全的地方，在那里学生不会觉得自己被评判，而是可以自由、大胆地求知和冒险。师生之间建立值得信赖的、积极的关系是安全的学习环境的核心。

学习环境不应该让人感到恐惧。恐惧是如此强烈的一种情感，它可以关闭认知过程并强迫大脑关注恐惧的来源以及如何面对。对犯错或失败的恐惧是学习的两大障碍。如前所述，一些学生由于对失败的恐惧而逃避可能过于有挑战性的体验。带有成长型思维的教师应该和学生讨论这些恐惧，并向他们确保他们即使犯错或失败也不会受到评判。教师也可以分享自己因为恐惧而不敢冒险的故事。我们的环境有助于塑造我们，课堂学习的环境同样如此。“就像成人会受环境影响，学生也会因为课堂环境感到备受鼓舞或消极气馁、充满能量或垂头丧气、感到受欢迎或产生隔离感。”同样重要的是注意在一个学习环境中任务太难或太简单，学生都可能觉得自己没得到支持；因此，构建一个差异化的、响应式的课堂有助于形成一个安全的学习环境。

有一点也要清楚的是，你的学习环境摆放的一些物件也可能传递固定型思维信息。布告栏和陈列物不应该是一系列“A”或完美的试卷。应该展示学生的作品，但仔细思考展示作品传递的信息。比如，你可以张贴学生作文的第一稿或第一次尝试某样东西，然后在旁边陈列一个后续的尝试，以此突出学生的成长。你也可以陈列学生学习使用的各种策略——或许是两三名学生用不同方式解答同样的数学问题这样的例子。这些展示的名字应该叫什么？诸如“顶流狗狗！”这样的标题，还有一个我不久前看到的——“来完美试卷这里逛逛！”这样的标题可能给孩子们传递固定型思维信息。相反，可以尝试诸如“看看我们如何成长”或“全明星努力”这样的标题。

看看你在学生试卷上写的评语。看看是不是写着“超级明星！”或者“非常棒！”？那么与之相反，尝试成长型思维信息，如“很棒的努力！”“你展现了很多进步！”或者“你只是目前不太理解”。环顾教室四周：还有什么东西可能暗中破坏你的成长型思维空间？

想想你们学校举办的活动，比如奖励计划和荣誉榜集会。这些活动可能激励那些表现已经达到某个具体水平的孩子赢得荣誉，但考虑一下这两种情形：一些“获奖者”没付出太多努力就考取好成绩，而一些孩子付出许多努力却与成功失之交臂。一位在科罗拉多州的教育者解释，她所在的学校一季度举办一次荣誉榜集会，最后两排总是坐着同一批孩子——那些从未被认可的孩子。她分享说举办这些集会出于两个原因：第一，激励没被认可的学生（我认为这么做并没有奏效，因为没有上台领奖的总是同一批学生）；第二，这是学校的一个传统，家长也对此心怀期待（我们需要通过成长型思维视角仔细审视学校的一些传统）。荣誉榜集会的意义是什么？如果答案是对好成绩的认可，我会认为成绩就是“奖励”——如果学生确实付出努力考取好成绩。一些学生不怎么努力就考到A（这些学生可能接受的挑战不够）。如果答案是激励没获奖的学生，那么注意：每次都是同一批学生没被认可吗？荣誉榜集会真的可以激励没获奖的学生吗？诸如这样的活动应该把目的转变成庆祝成长和付出的努力而不是成绩。

在马里兰州瑟蒙特的瑟蒙特小学，学生参加一年举办两次的成长游行——在学年中间和学年结束各一次。每个孩子给自己做一个标牌，上面写着自己的某项成长，然后他们（和他们的老师）举着标牌在校园自豪地游行。有些标牌上写的文字如下：

- 我的蓝思达到七级！
- 我能更好地看时间了，可以看到最近的分钟！
- 我的美术练得更好了（然后他在标牌上画了蜘蛛侠来证明这一点！）。

教学指导

全国许多学校和校区都增添了教学指导员这个职位。“教学指导员”给教师的教学提供非评估性反馈——教学指导员观察、树立榜样、规划，而且还可以和教师组成团队给课堂带来最好的教学实践。我认为教学指导员的角色最重要的一部分是和接受指导的人员建立信任的伙伴关系。教学指导员对于一起共事的人们肯定要持有成长型思维。他们相信有了来自教学指导员的指引、策略以及榜样，加上来自老师的动力和努力，教学可以成长并提升。

同等重要的是受教者的思维方式。许多教育者欢迎教学指导员来他们的课堂——他们想听到反馈、提升自己的技能。许多教育者珍视这种指导员—教师之间的关系——他们可以在这个空间提问并尝试新策略而不用担心被评估（教学指导员不该是学校行政部门的报信人）。教学指导员也可以关注课堂的成长型思维学习——可以针对老师给学生的反馈和表扬、对所有学生的回应以及给不同的学生不一样的机会、批判性思维策略、设定目标课程等等。

有一些教育者可能不欢迎教学指导员进入他们的课堂；这种情况有多种原因，其中一个原因是老师们不觉得他们需要教导（一切进展很棒，他们的学生学有所成，他们对自己自信、不需要反馈）。研究表明，过度自信的人倾向于应用固定型思维方式。你想想就会明白这一点，比如他们可能会想："我已经擅长此项事物，所以不需要学习什么新的了。"教师不喜欢和教学指导员合作的另一个原因是缺少自信或对评判的畏惧；这就是为何教学指导员和教师之间的信任如此重要。

教学指导是提升课堂教学的一个有效方式。当教学指导员和教师一起应用成长型思维方式时，这样的合作非常美好！

成长型思维的校园环境

在教学语境中，成长型思维的信息也可以被强化。譬如，在马里兰州罗克维尔小镇的玛丽威尔小学，学校职员都致力于构建成长型思维的校园文化。2012年，校长凯伦·格雷格瑞在教职工入职前一周给每个职员发了一件成长型思维T恤（见图9.1）。历时两年多，职员坚持参加关于如何构建和维持成长型思维的校园文化的职业发展项目。

图9.1　凯伦·格雷格瑞（中间）和她玛丽威尔小学的一些教职工，大家都穿着成长型思维T恤

有一次拜访玛丽威尔小学的时候，让老师们仔细看他们的课程安排，找出可以增添成长型思维信息的地方。这一练习让教职员工得以自主把控信息——他们通过新的方式看待课程安排，利用机会培育坚持、努力、求知冒险以及毅力。图9.2展示的例子是：教职员工如何看待他们当前的课程并思考融入成长型思维的方法。

学校应该一起研讨“找一找”的活动，这些活动将展示校园

内容领域	单元、书、资料、话题	成长型或者固定型思维模式的例子	评价、附加信息
阅读	卡拉·史蒂文斯的《莉莉和自由小姐》	莉莉展示了坚持和努力	历史小说，三年级
社会研究	瓦帕浓文化	分析瓦帕浓文化，找出成长型思维和固定型思维的证据	二年级
英语	米歇尔·马哥任的《晚安汤姆先生》	通过成长型思维的视角分析人物	初中，历史小说，二战
阅读	凯思琳·克鲁尔的《威尔玛无极限：威尔玛·鲁道夫如何成为世界最快的女士》	在威尔玛的人生中找出证明毅力、动力和努力的证据	幼儿园大班，传记
历史	苏珊·B. 安东尼是女权主义活跃分子，她的一生都致力于推动颁布宪法修正案，给予妇女选举权	苏珊·B. 安东尼克服了重重障碍而且面对挫败时坚忍不屈	高中，美国历史

图9.2 某学校将成长型思维纳入教学内容领域

和班级的成长型思维文化，包括差异化、响应式课堂的例子。这些实践应该在班级环境中体现，并通过师生互动来观察。在一个差异化、响应式的成长型思维课堂中，“找一找”活动可能看起来如同图9.3的清单。

向成长型思维的校园文化这个方向发展，是所有股东都应该做的一个承诺。了解新加入你们教职工队伍的教育者，让他们赞成你们的成长型思维目标计划。持续督导并反思产生影响的实践以及那些需要改进的实践。到你们学校参观的人能够感受到你们的学生付出的努力及坚持吗？有没有更多的学生欢迎有挑战的任务？教师对学生的付出表示认可而不是他们本身是怎样的？学生有没有使用成长型思维的语言谈论神经细胞关联？对所有学生的期待值高吗？

清楚假的成长型思维方式

卡罗尔·德韦克和她的同事把“假的成长型思维方式”定义为在一个人身上体现他或她说自己持有成长型思维方式，但言行不一。我们都需要非常清楚我们会以“成长型思维方式”的名义做一些事情，但实际上行动体现的却是固定型思维。这样的事情发生的其中一个原因是成人并没有给自己时间真正审视自己的思维方式。参加一次教职员工会议或看一次TED演讲并不会改变一种思维方式。这是一个旅程。需要时间和实践来转变学习环境。一个极具挑战的转变是相信过程跟结果一样（有时更加）重要。

在一个差异化、响应式课堂上进行的"找一找"活动

进行中的评估

- 一直使用预习并分析预评估。
- 当学生证实自己精通学习内容之后提供另外的挑战机会和学习体验。
- 教师有规律地使用形成性评估来发现已经准备好迎接更多挑战的学生。

灵活的、流动的分组活动

- 灵活分组是项目必要的一部分。
- 开展定位活动以及/或者建立有意义的学习中心以促进小组的管理。

课程紧凑

- 教师能够让一些学生减免以及/或者用更少的时间来学习材料。

期待值

- 教师对所有学生的期待值要高。
- 学生和教师相信有能力发展智力。
- 对智力潜能的辨认不完全取决于阅读、写作、数学的表现。潜能也可以通过讨论、问问题以及回应加以辨认。
- 教师提供许多机会让学生自己思考。

提问

- 学生有许多机会可以回应并提问更高层次的问题。

更高层次的思考

- 将培养或提升较高层次思考的教学策略编入日常教学（概念获取或形成、解读、推理、解决问题、评估）。

加快学习速度和丰富教学

- 学生个体或群体有机会在各个内容领域超出所在年级水平。
- 丰富教学的机会产生于内容、应邀发言者、导师和科技的应用及推理过程中。
- 教师补充或者修改课程有助于高水平的学习。
- 教学包括高级内容和差异性策略，以反思高能力学习者的智力发展过程。
- 高于本年级的材料可以在不同内容领域提供给学生。
- 学生有机会得以深度学习和研究。

课堂环境

- 有智力上的冒险。
- 存在一个成长型思维模式的班级文化。
- 学习站和定位活动在课堂内进行。
- 房间的安排有利于小组活动。
- 提供不同学生的学习范例。
- 给学生提供多层次的资源。

图9.3　“找一找”的范例清单

有一个例子可以说明假的成长型思维方式：当我们高度关注成绩和测试分数时，这些都会妨碍成长型思维方式。我们可以一整天都跟我们的学生传递成长型思维信息，然后花时间跟学生谈论成绩——“你本该更努力一些的”——而不是谈论学习材料的过程。我们可能没有时间重新教或辨清概念——这些是固定型思维的做法。德韦克也提醒大家以下这样的话无益：“只要你想做任何事情，都能做到。”没错，这是一个重要的信息，但说出来的时候，考虑学生是否有经验和知识实现这个信息，这一点很重要。德韦克这样解释：“可能确实如此，但肯定这样的说法并不会促使其实现，尤其当学生还没有知识、技能、策略或者资源促使这样的事情发生时。”

领导力

在结束本章之前，让我们稍微注意下学校的领导力；（现任领导以及那些未来可能担任领导职位的人）包括但不限于年级水平的团队队长、部门主持人、特殊教育领导、教学指导员、数据指导员，以及当然啦，助理校长。引领你的团队迈向成长型思维校园的第一步是自我反思。

回应以下问题——没错，都是是非题，但要解释你为何这样回答。

- 你接受成长和持续的提升吗？
- 你是可以教导的吗？
- 他人的反馈让你学了些什么？改变了什么？为什么？
- 你是不是受他人成功的启发而不是感到自己受到威胁或嫉妒？
- 你跟自己而不是别人比拼吗？
- 对于不完美和犯错，你是不是感到不舒服？
- 你展现了热情和积极的能量吗？

看一眼成长型思维特征领导力反思图（见图9.4）。这里有些

成长型思维特征领导力反思

以下是成长型思维领导展现的一些特征。如果你是领导，思考你在哪个分数段。

1 一点也不 5 总是

乐观的				
1	2	3	4	5
支持的				
1	2	3	4	5
开放的心态				
1	2	3	4	5
爱提问的				
1	2	3	4	5
坚韧的				
1	2	3	4	5
灵活的				
1	2	3	4	5
值得信任的				
1	2	3	4	5
专心聆听的人				
1	2	3	4	5
冒险者				
1	2	3	4	5

图9.4 成长型思维特征领导力反思

特征是成长型思维领导力体现的。思考如果你作为领导，你能够给自己打多少分。

选择一到两个你想提升并成长的领域，然后制定一个清单，列出帮你在这个领域成长的可以采取的行动。比如，如果你选择乐观，你可能每天早上花几分钟，说一些肯定的话：

- 我推想我的团队会有积极的意图。
- 今天将会很棒。
- 我每天都成长。
- 我有我需要的支持。

如果你对团队成员或学生说某个事件，交谈和做出决定之前你自己先用一分钟思考这个事件的意图。你可能已经想到的事实是：这些特征不仅给学校领导看；它们可以帮助我们所有人更擅长自己做的事情。

第十章

结语：给每个学生提供机会，插上成功的翅膀

“如果你不锻炼，你的神经细胞关联会断裂！”

——二年级学生

致力于构建和维持这样一个学习环境，即对所有学生都抱有高期待值、教学是响应式的并且所有学生都重视努力和毅力，这是值得下功夫的。学校教学中采用一些元素可能会引发一些改变，但为了产生最重要的影响，以下几点应该如交响乐般协奏齐鸣：

- 教育者相信所有学生都能获得成功。
- 学生对神经细胞关联有概念性了解，相信通过努力和毅力能够学习、成功、增长自己的智力。
- 用差异化、响应式的教学满足学生的需求，了解他们需要什么、何时需要、如何满足他们的需要。
- 批判性思维工具将会纳入课程、教学和评估。

- **拓宽“天赋”这一概念，侧重才能的发展和居于主导地位的特定优势，十分注重“潜能”而不是“天赋”。**

教育者教的是学生而不是课程。是时候了解学生学习的情况，期待所有的最佳表现，给每个学生提供机会，让他们都能够成功。成长型思维校园文化肯定会对所有学生都敞开大门。

就个人而言，若干年前我对可塑性智力、成长型思维和固定型思维作了深入全面的研究，为教师、父母和行政人员开办了许多职业发展研讨会。在其中一次研讨会之后，有一位参会者建议我写一本关于成长型思维教育的书。她认为我有很多东西可以提供给教育者，而且可能对孩子们产生积极影响。我感谢她为我起了一个好头儿，而我不想承认的是，固定型思维的念头立刻在我脑中蹦出来：“我写不了这本书。”一个月后，我听了卡罗尔·德韦克在美国天才儿童协会会议上的发言，乘飞机返家的路上，开始撰写这本书。

这个过程并不容易，没错，有时候我想放弃，但我还是坚持住了。写最后这几行的时候，我注意到衣服需要洗、我得准备明天的发言、得带狗出去遛弯，还有我女儿做作业需要我帮忙……尽力同时应付家庭、新工作和写作成了我人生中最大的挑战，但我最终还是做到了：付出很多辛劳和努力。

这本书2018年的修订版呈现了一组不一样的挑战。因为我做了膝盖置换手术需要康复，所以本职工作申请了休假，计划六周完成这本书的修订。手术前我收集研究资料，创建一个空间保存所有的笔记和参考资料，把这些材料放在我的躺椅旁边，我知道自己会在这里抬高新膝盖——我准备好了！哈！尽管我读了相关图书，参加线上支持小组，并读了跟康复相关的博客，然而我还是没料想到自己经历的一切。在康复早期的几周，我经历的是缓慢、疼痛、失眠、大脑迷糊等症状。我想肯定每天都会更好一些——但在早期几周不是这样的——或者至少没让人觉得慢慢好转。我读的一个康复博客，上面每天都会发布一些讯息鼓励那些处于康复早期的人们。当我读到诸如“疼痛是暂时的，胜利是永远的”或者“积极、耐心以及坚持”这些话语的时候，我发现自己嘟嘟囔囔。这些毫无修饰的引言让我发疯——我不想耐心。我只想感觉好点、能够走动！手术十周之后，我的大脑清楚些了，我试着分析自己思考的方式为何变成固定型思维。我知道成长型思维的益处，却在几周内陷入与固定型思维的抗争。我意识到这可能跟疼痛和不能动有关系。这个经历教了我一些关于思维方式的东西——有时障碍很大、沮丧占上风，但在这些时刻，修复力和毅力更重要。（这一次本书的修订过程中，我的最大障碍是一只小狗占据了整个房子！）

对于这本书，如果你想做实体或虚拟读书俱乐部，《可见的学习与思维教学（教学资源版）》里有一个章节提及开展的各种读书俱乐部范例。

如果你想分享你的成长型思维校园体验或者有问题问我，请不要拘谨，通过我的网站联系我。我看过很多学生和教育者都取得不少成果，我也迫切想让你见到他们！

记着构建成长型思维的学习环境是一个旅程——作为教育工作者的你反思自己和学生思维方式的旅程。通过你的专心致志、努力工作以及成长型思维，你会抵达目的地的。

插画者：罗俊翕　北京第一实验学校

附录 A

构建成长型思维模式教师培训案例

培训要求

职业发展研讨会结束时，参加者应该能够掌握：

1. 定义固定型和成长型思维模式的理论。

2. 就卡罗尔·德韦克博士有关思维方式理论著作的研究开展讨论。德韦克博士确信智力具有可塑性，潜能是可以发展的。

3. 反思他们自己关于学生学习、智力和努力的“思维方式”。

4. 探讨表扬学生和给学生反馈的方式如何影响他们的思维方式。

5. 探讨教学生大脑知识以及如何学习的方式。

6. 计划接下来构建成长型思维模式班级文化的步骤。

职业发展研讨会前的策划

在每张桌子上放一个文件夹，里面装幻灯片或翻转图的复印件、“我对智力的想法”文档、给每位参加者的信封以及本书。此外，设立四个活动站，放上定位活动文件夹，里面装上关于成长型和固定型思维模式的其他文章。

时间	内容	资源
5	**欢迎辞/培训要求** 回顾培训要求和议程 随着时间推进，让参加者提出任何关于猜想盒的问题。会议推动者会付出努力来讨论盒里的物件。	· 写有培训要求的翻转图或幻灯片 · 制作猜想盒用的图表纸以及便利贴
5	**告知参加者在几分钟内他们将读一篇讨论公平教育的某个方面的文章。** 作者卡罗尔·德韦克博士描述了人们对智力持有的两种想法。 纸上写着“我对智力的想法……”教师将写下对以下问题答案的总结评述。 · 关于智力，你教了学生什么？ · 根据你自己的观察，你怎么看待学生的智力？ 参加者完成任务之后，应该将纸放入信封，封上口，在信封上方写上名字及日期。会议推动者应该收集这些信封，保存至最后一次职业发展讨论，这样参加者就可以注意他们的信念是否有所改变。	
10	**让他们阅读本书，** 让参加者用荧光笔标出并突出有趣或新的信息。 告诉他们：“写下你们对刚才阅读内容所产生的最初想法/感觉。如果你已读完本书或已经读过相关文章，请选择另一篇文章阅读，可以在定位活动的文件夹里找到。”	· 本书或部分章节复印件 · 荧光笔 · 定位活动文件夹，里面装有相关文章或以下作品： 《即使天才也努力工作》（卡罗尔·德韦克） 《思维方式和天赋教育：进展中的转变》（马修斯和福斯特）

时间	内容	资源
20	**讨论文章。** 你可以使用以下问题引导讨论（让参加者思考校园外的生活）： · 在什么领域他们认为你抱有固定型思维模式？ · 成长型思维模式呢？ 协助者应该分享某个个人经历来展示固定型思维模式；譬如： · 一触及科技我就有一个典型的固定型思维模式……事实上，几年前我家人送我一个礼物——电子图形输入板，但我不确定是否想留下它。我觉得我不可能学会如何操作它，因为我在科技方面没有才能。自从加入这项研究，我意识到通过努力，我能够学会做任何事情——我只需要乐意付出努力。 在你的桌子上，选择以下一个问题讨论： · 我们作为社会成员相信成长型思维模式吗？为什么？ · 这就是我们所学的吗？或者我们是如何学的？ · 对于我们当中的一些人，相信这个概念是有挑战的。为什么？	· 在课件上写问题或者分发印有问题的材料
5	**为何现在？** 和参加者讨论以下想法： · 我们一直学习关于大脑的新知识以及人们如何学习，并对各种情境和关系作出反应。 · 五十年前，如果你牙疼，牙医会如何治疗？ · 这项新的学习怎样对我们的学生产生积极的影响？	

<table>
<tr><th>时间</th><th>内容</th><th>资源</th></tr>
<tr><td>30</td><td>我们如何表扬学生?
让参加者思考家长和教师的某些表扬方式如何影响思维方式的形成。围成一桌讨论关于表扬可能显露固定型思维模式的一些具体例子。告诉参加者：
· 每一个词和行动传达一个信息。信息告诉孩子们如何思考自己。可能是一个固定型思维模式的信息："你有固定的特征，我正在评定这些特征。"譬如："你真聪明。"
让参加者讲讲其他显示固定型思维模式的例子。将回答记录在图表纸上，纸上有两栏：固定的信息和成长的信息。告诉参加者：
· 可能是一个成长型思维模式的信息："你是一个不断成长的人，我对你的成长感兴趣。""你对此付出很多努力，功夫不负有心人！"
让参加者讲讲其他使用成长型思维模式表扬的具体例子。将回答记录在纸上。</td><td>分成两栏的图表纸：固定型的表扬和成长型的表扬</td></tr>
<tr><td>45–60</td><td>学习和大脑的关系
和参加者讨论大脑：
过去几十年的研究已经拓展了我们对大脑能够发展新能力的理解。大脑通过恰当深度和挑战的训练有很大能力发展。
这是大脑如何运作的精简版：
· 大脑由神经元细胞网络构成。
· 当我们学习新东西时，神经元细胞彼此产生关联。
· 当我们实践，付出努力并坚持时，这些神经细胞的关联变得越来越强大，大脑也变得更加稠密。
· 稠密的程度取决于大脑受到多少激发以及如何积极地使用。</td><td>· 课件
· 线
· 绳
· 粗绳
· 用纸板剪下五个神经元细胞图形（或毛茸茸的神经元细胞模型），穿上一根线，让参加者挂在脖子上。</td></tr>
</table>

时间	内容	资源
45–60	**学习和大脑的关系（接上表）** · 当我们学习新事物的时候，我们变得更加聪明！ **使用线（薄弱的理解）、绳子（快要掌握）、粗绳（掌握）展示神经元细胞的关联。** 让三到五个志愿者扮演神经元细胞。这些志愿者可以在脖子上挂着一张画有神经元细胞的纸板。 问这群“神经元细胞”，是否有人最近学了新事物（如：编织、打高尔夫球或者州际标准核心考试）。 为了能够更好地描述，我们将选择萨拉的回答。萨拉分享说她刚刚了解了州际标准核心考试。宣布这群“神经元细胞”代表萨拉大脑的一部分。 拿出一根细线，让两个“神经元细胞”用这根线产生联系。这个薄弱的关联将代表萨拉刚开始了解州际标准核心考试，所以关联是薄弱的。 问萨拉她是否已经学到某些东西，而且她越学越好，但仍旧需要一些知识训练。在这种情况下，萨拉可能回答说“形成性评估”。在这个时刻，两个“神经元细胞”可以用一个更密切的联系，一根绳子。这代表对形成性评估有了更好的理解，但还没有达到掌握的水平。 然后提议以下情景：让我们看看萨拉的州际核心标准考试的关联。这有一根细线可以代表。萨拉对州际核心标准考试了解更多并做了训练之后，这个关联将发生什么？我们就说萨拉阅读、看录像、问问题、坚持以及付出很多努力将标准纳入她的课堂，这样她就能教其他人。这个关联会如何变化？这时展示这根关联的细线被一根强韧的粗绳所取代。	

时间	内容	资源
45-60	**学习和大脑的关系（接上表）** 如果萨拉觉得自己不再对州际核心标准考试感兴趣，那么这个关联将会发生什么？（将会保持微弱的关联或者完全失去联系。） 让参加者回想自己学习新事物感到沮丧的某个时刻。让大家在脑海里构图：每次迎接挑战并掌握新的事物，神经元细胞的关联就更强大。想一想当你面对挑战时这些神经元细胞是如何产生关联的。一旦你构建强大的关联，你会给大脑增添稠密度，事实上让自己变得更加聪明！ **现在讨论学生的思维方式：** · 成长型思维模式不仅一步步契合我们关于学习和大脑的讨论，而且和学生的教学中，成长型思维模式更有建设性，制造更好的效果和成就。 · 持有成长型思维模式的学生： 更有动力学习 想更加努力学习 不会因为挑战而气馁 学习时使用更有效的策略 达成更高水平的目标	
15	与你的同桌参会者讨论你可能在课堂采取的行动以着手发展成长型思维模式的文化。 这些行动应该包含如下方式： · 重视努力和毅力 · 教学生关于大脑可塑性的知识，以及 · 和学生分享成长型思维模式	

时间	内容	资源
10	**小结和评估** 让参加者完成印有以下问题的答题纸： · 作为今天职业发展讨论的结果，我： 正在思考…… 正在计划……	· 评估答题纸

附录 B

如何表扬孩子——给家长的建议

第一份建议

家长能够真正帮助孩子的一种方式是表扬孩子的时候慎重措辞。家长每句话、每个行动对他们的孩子都传达了信息。这些话语和行动将告诉孩子们如何思考自己。家长应该总是表扬孩子付出的努力，而不是表扬孩子的成就。以下表格包括一些例子：

不说	说
你真的像运动员一样！	你真的很努力训练，要关注这个领域！
你真的好聪明！	你在学校努力学习，表现不错！
你的画好棒；你是我的小艺术家。	我看到你在练画画；进步好大！
你是一个很棒的运动员。你会是下一个贝利！	继续训练，你会看到可喜成果的！
你总是取得好成绩；这让我开心。	你付出的努力都体现在成绩当中了。你应该为自己感到骄傲。我们也为你感到骄傲。

因此，下次当你准备表扬自己的孩子时，先想一想如何利用这个机会表扬他或她所付出的努力而不是取得的成就。

第二份建议

给予家长一些建议：如何表扬他们的孩子。研究表明，家长表扬孩子“聪明”或“有才华”的时候要三思，因为这样的表扬可能形成固定型思维。如果我们鼓励孩子付出努力，并认可他们的毅力和勤奋，那么我们将支持他们发展成长型思维。持有成长型思维的孩子相信成长型思维将让他们更好地坚持，而且当事情没能如愿时，他们能够重整旗鼓。家长也应该检查自己的信念体系：你有没有成长型思维？你是否相信通过努力、毅力和动力，你的孩子能够达成他们的目标？

教育研究专家卡罗尔·德韦克博士表明：

> 家长不该溺爱孩子，不让他们面对挑战、错误和努力奋斗。相反，家长应该教孩子热爱挑战。他们应该说这样的话：“这很难。多么有趣！”或者“这个太容易了。没有意思。”他们应该教孩子拥抱错误。“哦，这是个有意思的错误。我们下次应该怎么做呢？”而且他们应该教孩子重视勤奋和努力：“如此奋斗很棒！你真的坚持做了而且有很大的进步。”或者“这需要付出很多努力哦——孩子，会很有趣的。”

家长需要学会持有成长型思维。这需要时间和实践，但当你看到它在孩子身上产生的重要影响时，你会知道这些努力是值得的。

附录 C

关于成长型思维的图书

- 《你奇妙的弹性大脑》，乔安·迪克著——这个绘本特别棒，让神经科学变得有趣且吸引人。
- 《跟你奇妙的弹性大脑说晚安》，乔安·迪克和特瑞斯·迪克著，这个续集通过密切关联、寓教于乐的方式提供了关于大脑的额外信息以及大脑是如何从睡眠中受益的。
- 《驱动你的大脑：青少年手册》，乔安·迪克和特瑞斯·迪克著——这本书努力解决青少年关于大脑的具体问题，书的内容保持吸引人的风格，是一本写给年纪小一些的孩子们读的书。
- 《儿童神经学》，贝蒂·尼格耶和布兰登·范著——这是医生写给6到10岁孩子的一个简易绘本，内容包括对神经关联的解释以及讲解大脑的各个部位。
- 《我的第一本大脑之书》，唐纳德·M.希尔弗和帕瑞西娅·J.怀恩著——这是一本彩页书，适合8—12岁的孩子阅读。
- 《如何成为天才》是DL出版社出版的一本全面且吸引人的书，这本书有很多美妙的图解描绘大脑的运作；但我们希望这本书能换个标题！
- 《大脑之书：大脑如何运作及其所有奇特的行为》，利安娜·鲍彻·吉尔著——这是一部关于大脑及其如何运作的大型且全面的百科全书，书中包括很多吸引人的、有用的图解。

- 《神经漫画书》，利玛窦·法里内拉和哈娜·罗斯著——这是一本漫画小说，由两名神经科学家书写、绘制，青少年和成人都会喜欢这本书的。
- 《大脑很重要》，尼克·赛鲁克著——这是一本有很棒插画且内容令人着迷的书，让大家正确了解大脑科学。
- 《没有什么你做不了的！成长型思维的秘密力量》，玛丽·凯·里琪著——这是写给8—13岁的小孩读的非虚构读物，内容好玩，并且有卡通插画以及与读者互动的环节。

相关延伸阅读请参见作者网站和个人社交媒体。

- 网站：www.marycayricci.com
- 我的教育专家：https://myedexpert.com/serch/?_sf_s=Ricci
- Mindset-dedicated Twitter (X) and Threads@MaryCayR